Meditieren mit Schriften und Formen
Ein Übungsbuch für Erwachsene und Kinder

Helga Kohler-Spiegel / Herta Spiegel

Meditieren mit Schriften und Formen

Ein Übungsbuch für Erwachsene und Kinder

Kösel

ISBN 3-466-36550-3

Druck und Bindung: Kösel, Kempten (www.KoeselBuch.de)
Zeichnungen: Herta Spiegel
Umschlaggestaltung: Kaselow Design, München
Umschlagmotiv: Tschanz-Hofmann/Bavaria, Gauting

1 2 3 4 5 · 04 03 02 01 00

Gedruckt auf umweltfreundlich hergestelltem Werkdruckpapier (säurefrei und chlorfrei gebleicht)

INHALT

JEDESMAL, WENN WIR SCHREIBEN,
ENTHÜLLEN WIR EINIGES VON
UNSEREM SELBST, UND JEDES
ZEICHEN IST EIN AUSSCHNITT AUS
UNSEREM FINGERABDRUCK.

DONALD JACKSON

VORWORT

»Meditieren mit Schriften und Formen« begleitet Erwachsene und bietet zugleich vielfältige praktische Ideen, zusammen mit Kindern in der alltäglichen Handlung des Schreibens zu einer spirituellen Haltung im Alltag zu finden.

»Meditieren mit Schriften und Formen« begleitet Eltern und Großeltern, Lehrer und Lehrerinnen, Erzieherinnen und Erzieher, die ihre Kinder unterstützen wollen, sich selbst zu begegnen, im äußeren Tun die innere Form und Konzentration zu finden, im verweilenden Gestalten zu innerer Kraft und Stärke zu gelangen. So können Kinder auf spielerische Weise gestärkt werden, ihre Fähigkeiten zu entwickeln und das Zutrauen zu sich selbst zu festigen.

»Meditieren mit Schriften und Formen« begleitet Erwachsene, die einen Ausgleich zum anfordernden Alltag suchen, die innehalten und zur Ruhe kommen wollen, die sich ausdrücken wollen, die zur Form, zu ihrer Form finden wollen.

Helga Kohler-Spiegel, Herta Spiegel

1 Beginnen

Das äußere Anfangen und das innere Bereiten

Erinnern Sie sich an Ihre ersten Zeichen, die Sie gekritzelt haben, an Ihre ersten Buchstaben? Erinnern Sie sich an Ihre Freude, als Sie zum ersten Mal Ihren eigenen Namen schreiben konnten?

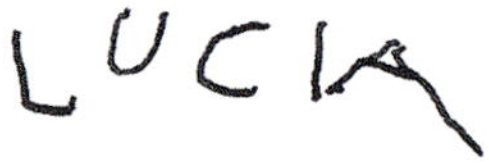

Vielleicht erinnern Sie sich dabei an eine schöne Zeit, als sich Ihnen die spannende Welt der Buchstaben eröffnete. Vielleicht aber erinnern Sie sich auch an den Beginn von Schwierigkeiten, nicht »schön« genug geschrieben zu haben, zu unruhig, zu schnell, zu schlampig ... Vielleicht verbinden Sie Schreiben bis heute mit einer Plage, die Sie unsicher macht, mit einer Kunst, von der Sie immer glaubten, sie nie ganz erlernt zu haben.

Wie auch immer – wir möchten Sie heute auf eine neue Art in die Welt der Zeichen und Buchstaben, der Formen und der Schrift einführen. Wir möchten Sie einladen innezuhalten und ein wenig zu verweilen – bei Ihren Gedanken und Stimmungen, mit einem Blatt Papier vor Ihnen und einem Stift in der Hand. Wir möchten Sie einladen zu einer Reise nach innen und nach außen zugleich.

Den Platz gestalten · mein Umfeld bereiten

Eine Reise erfordert Reisevorbereitungen. Sie müssen sich die notwendigen Reiseutensilien besorgen. Gönnen Sie sich ein paar Papierbögen, die Ihnen ganz besonders gut gefallen, ein schönes Heft, einen Schreibblock. Und Sie brauchen einen Stift, den Sie gern in der Hand halten, mit dem Sie gut schreiben können.

Suchen Sie sich einen ruhigen Ort, eine Ecke in der Wohnung, auf dem Balkon oder im Garten, zwischen ein paar Pflanzen – wo immer Sie sich wohl fühlen und wo Sie ungestört sind. Machen Sie es sich in »Ihrer« Umgebung bequem, »nehmen Sie Platz« ist auch übertragen zu verstehen: Ich nehme mir Raum, ich gestalte meinen Raum, um dann auf meinem Papier zu gestalten. Vielleicht mögen Sie leise, ruhige Musik im Hintergrund, die Ihnen zur Konzentration hilft. Nun kann die Reise beginnen.

Schreiben Sie zuerst Ihren Namen, mehrmals, wie er Ihnen gefällt, groß oder klein, viel Platz einnehmend oder ganz eng. Schreiben Sie ein paar Buchstaben, einfach so. Schreiben Sie die Anfangsbuchstaben des Namens von Menschen, die Ihnen nahe sind, von Menschen, mit denen Sie ein Stück Leben geteilt haben, die in Ihrem Leben wichtig waren.

MORGENSTERN

Innehalten, wachsam sein, verweilen

Gespräch zwischen Schüler und Meister

Kann ich selbst irgendetwas tun, um erleuchtet zu werden?
Genau so wenig, wie du dazu beitragen kannst, dass die Sonne morgens aufgeht.
Was nützen dann die geistigen Übungen, die Ihr vorschreibt?
Um sicher zu gehen, dass du nicht schläfst, wenn die Sonne aufgeht.

(*Anthony de Mello*)

Inneres Bereiten richtet die Achtsamkeit zuerst auf den Körper. Ganz bei der Sache zu sein schließt unseren Leib mit ein. Wir nehmen mit den Sinnen wahr, was uns umgibt und was wir erleben. Nähe und Alleinsein, Schmerz und Freude spüren wir im Leib, viele unserer Gefühle drücken wir in körpersprachlichen Bildern aus.

Die Körperhaltung, die Atmung, das Sitzen und das Gehen müssen geübt werden, wenn ich mir selbst näher kommen will. Wir laden Sie ein Ihre Sitzhaltung bewusst wahrzunehmen: Stellen Sie die Füße parallel auf den Boden, etwa in Hüftbreite. Richten Sie sich im Sitzen so weit auf, dass Sie die Sitzknochen spüren können. Wenn Sie kurz die Hände unter Ihr Gesäß legen, können Sie diese aufrechte Haltung ohne Verkrampfung gut finden.

Atmen Sie nun ein paar Mal gut durch, betonen Sie dabei das Ausatmen: Ich atme aus – ich atme ein – ich atme aus – ich atme ein – ich atme aus – ich atme ein – ich atme aus ... Spüren Sie dem Moment zwischen Ausatmen und Einatmen nach, diesem kurzen Augenblick, in dem Sie leer sind und offen zugleich.
Die folgenden Übungen können Ihnen helfen, die Achtsamkeit auf Ihren Körper zu lenken und in Ihrem eigenen Rhythmus zu atmen, bei sich selbst zu verweilen.

- Wählen Sie eine entspannte Körperhaltung. Schließen Sie die Augen und spüren Sie bewusst Ihre Körperempfindungen. Nehmen Sie wahr, wie die Kleider Ihre Schultern berühren. Nehmen Sie wahr, wie die Kleider den Rücken berühren oder wie die Lehne des Stuhls, auf dem Sie sitzen, den Rücken berührt. Werden Sie sich Ihrer Hände bewusst, wie sie sich berühren oder auf dem Schoß liegen. Werden Sie sich Ihrer Oberschenkel oder Ihres Gesäßes bewusst, wie sie gegen den Stuhl drücken. Spüren Sie nun die Füße, wie sie die Schuhe berühren. Nehmen sie nun bewusst Ihre Sitzhaltung wahr.
  Noch einmal: Schultern ... Rücken ... rechte Hand ... linke Hand ... rechter Oberschenkel ... linker Oberschenkel ... rechter Fuß ... linker Fuß ... Sitzhaltung ...
  Wandern Sie nun in Ihrer Vorstellung nach eigener Wahl von einem Körperteil zum anderen ... (Nach etwa fünf Minuten:) Öffnen Sie langsam die Augen und beenden Sie die Übung.

- Beginnen Sie diese Übung, indem Sie sich fünf Minuten lang der Empfindungen in verschiedenen Teilen Ihres Körpers bewusst werden. Dann spüren Sie bewusst Ihren Atem. Spüren Sie bewusst die Luft, wie sie durch die Nasenlöcher einströmt und ausströmt ... (Nach etwa fünf Minuten:) Atmen Sie noch mehrere Male tief durch und öffnen Sie dabei langsam die Augen. Beenden Sie damit die Übung.

Beim Atem zu verweilen, beim Ausatmen und Einatmen, kann den ganzen Körper beruhigen. Selbstverständlich kann auch Müdigkeit spürbar werden, die in den Beschäftigungen und im Tätigsein weniger deutlich zutage tritt.
Die Beschränkung auf die Körperwahrnehmung und den Atem konzentriert die Achtsamkeit auf eine einzige Tätigkeit. Im Alltag tun wir häufig Verschiedenes gleichzeitig, wir reden und hören Musik, wir essen und sehen dabei fern. Bei einer Sache zu verweilen will geübt sein.

Ein in Meditation erfahrener Mann wurde einmal gefragt, warum er trotz seiner vielen Beschäftigungen immer so gesammelt sein könne. Dieser sagte:

WENN ICH STEHE · DANN STEHE ICH
WENN ICH GEHE · DANN GEHE ICH
WENN ICH SITZE · DANN SITZE ICH
WENN ICH ESSE · DANN ESSE ICH
WENN ICH SPRECHE · DANN SPRECHE ICH

Da fielen ihm die Fragesteller ins Wort und sagten: Das tun wir doch auch, aber was machst du noch darüber hinaus? Er sagte wiederum:

WENN ICH STEHE · DANN STEHE ICH
WENN ICH GEHE · DANN GEHE ICH
WENN ICH SITZE · DANN SITZE ICH
WENN ICH ESSE · DANN ESSE ICH
WENN ICH SPRECHE · DANN SPRECHE ICH

Wieder sagten die Leute: Das tun wir doch auch! Er aber sagte zu ihnen:

WENN IHR SITZT · DANN STEHT IHR SCHON
WENN IHR STEHT · DANN LAUFT IHR SCHON
WENN IHR LAUFT · DANN SEID IHR SCHON AM ZIEL ...

Ein Zen-Mönch

2 Versunkenheit

VERSUNKENHEIT IST EIN TOR
FÜR EINEN AUFENTHALT IM SEIN
OHNE RAUM · OHNE ZEIT UND
OHNE BELASTUNGEN ·

Nähe und Distanz

Nie stehe ich für mich alleine – immer stehe ich in Beziehung zu meinem Umfeld. Auch dort, wo ich nicht bin, gibt es eine Verbindung zu mir.

STRICHÜBUNG

Material: weicher Bleistift, z.B. 4B
Übungsblatt unliniert, DIN A3
Schutzblatt

Das Schutzblatt wird im korrekten Winkel zum Übungsblatt nicht zu eng unter die zu schreibende Zeile gelegt. Es dient zugleich als Linienbehelf und als Schutz für das Übungsblatt, damit Absonderungen der linken bzw. der passiven Hand die Papieroberfläche nicht verletzen.

Diese Übungen sind an sich ganz einfach – es geht nur darum, Striche nebeneinander zu setzen – es wird jedoch dabei der Leerraum zwischen den Strichen als wesentlicher Teil beachtet: Wie verhält es sich mit dem Raum, der zwischen den Strichen entsteht?
Es erwartet Sie eine Erfahrung, die Ihren Blick nicht nur für das sichtbar Geschriebene schult, sondern Sie auch gleichzeitig für das Nicht-Geschriebene sensibilisiert. Die Wahrnehmung des Abstands zwischen den Strichen ist ein wesentlicher Bestandteil des Gefühls, das sich beim Schreiben dieser scheinbar simplen Striche einstellt.

1. Übung:
Striche in einem Abstand, der Ihnen sehr angenehm ist.

2. Übung:
Striche in einem Abstand, der sich stark unterscheidet vom Lieblingsabstand.

3. Übung:
Änderung der Abstandverläufe: Sie schreiben von ganz eng verlaufend auf weit.

4. Übung:
Sie fügen eine Variation in der Strichlänge hinzu.

SELBSTREFLEXION

Spüren Sie dabei folgenden Fragen nach:

- Kann ich einen großzügig angelegten Abstand beibehalten?
- Wie fühle ich mich mit einem ganz engen Abstand?
- Wie steht der für mich angenehme Abstand zwischen den Strichen in Verbindung mit meinem persönlichen Bedürfnis nach Abstand in Beziehungen zu anderen Menschen?

Sie werden den Zauber der Einfachheit entdecken, der dieser Übung zugrunde liegt. Es ist sehr förderlich, auf dem DIN A3-Blatt wirklich eine ganze Zeile im Querformat durchzuhalten und dann sogar ein ganzes Blatt.
Die Versunkenheit stellt sich ein, indem Sie sich ganz hingeben – den Strichen, den Abständen, der Wiederholung. Es kann eine außerordentliche Beruhigung der Sinne bewirken, sich auf dieses Schreiben von Strichen einzulassen, fernab von Leistungsansprüchen, intellektueller Forderung und Nützlichkeit.

Führen Sie diese Übungen wiederum auf einem Übungsblatt DIN A3, das Sie mit einem Schutzblatt abdecken, mit neuem Werkzeug durch:

Federhalter, Redisfeder Nr. 5
Schreibflüssigkeit, z.B. Tinte im Glas

Loslassen und Druck

Ich bewege mich im ständigen Wechsel zwischen Loslassen und Aktivität – fließend und doch ruhig. Setze ich mich dieser Pendelbewegung aus, bin ich mitten im Lebensstrom.

DRUCKÜBUNG

Material:	weicher Bleistift, z.B. 4B
	Übungsblatt unliniert, DIN A3
	Schutzblatt

Beim Schreiben üben wir mit dem Schreibwerkzeug Druck auf das Papier aus. Bei diesen Übungen geht es darum, diesen Druck gezielt und unterschiedlich auszuüben und trotzdem in einer fließenden Bewegung zu bleiben. Sie behalten weiterhin den Abstand zwischen den Strichen in Ihrer Aufmerksamkeit.

1. Übung
Sie beginnen den Strich mit viel Druck und lassen allmählich los. Der Strich endet ganz sanft. Achten Sie darauf, dass ein fließender Übergang entsteht. Vielleicht hilft Ihnen die Vorstellung, dass Sie einen Wasserhahn, der voll aufgedreht ist, wieder langsam abdrehen.

2. Übung
Nun beginnen Sie ganz sanft und üben immer mehr Druck aus.

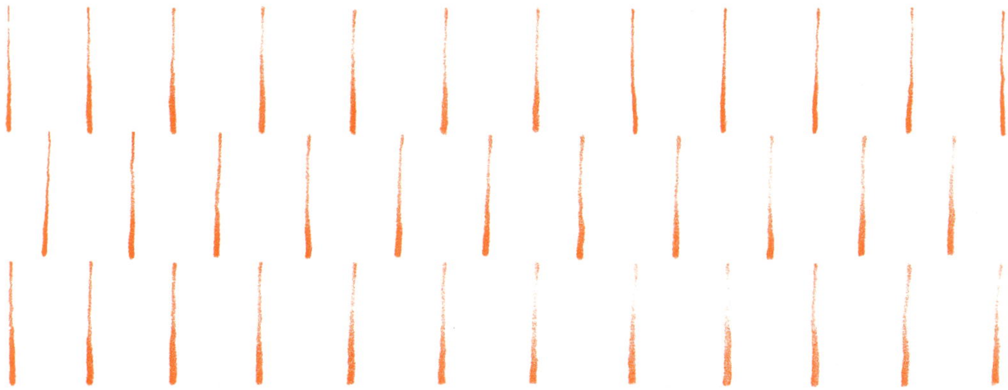

3. Übung
Der stärkste Druck ist jetzt im Mittelteil des Striches.

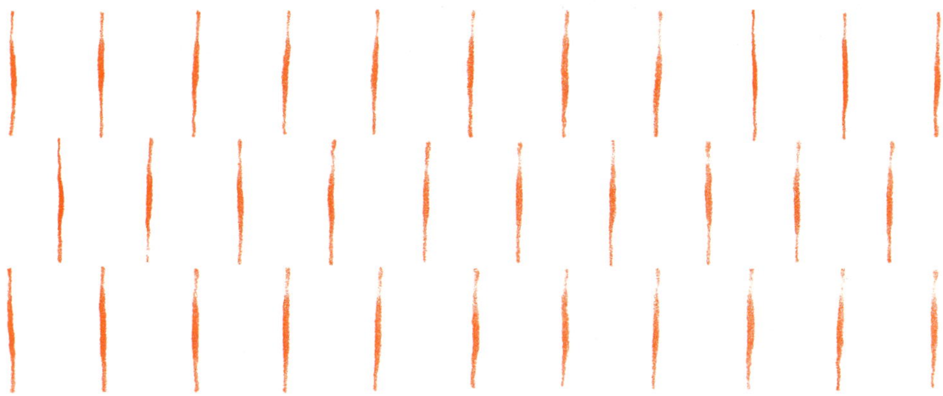

4. Übung
Anfang und Ende des Striches sind ganz stark, in der Mitte ist jetzt Leichtigkeit.

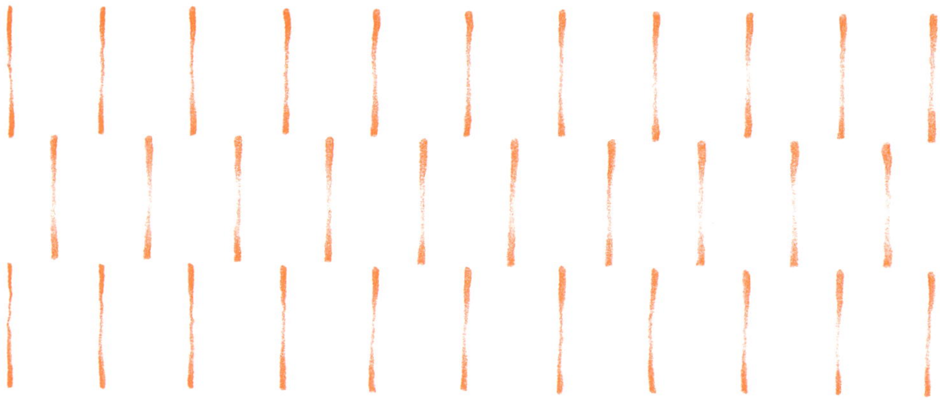

SELBSTREFLEXION

Spüren Sie dabei folgenden Fragen nach:

- Was fällt mir leichter: Mit Druck anzufangen und nachzulassen oder beginne ich lieber ganz sanft und gehe zu mehr Stärke über? Oder fühle ich mich mit einer Zwischenform (Übung 3 und 4) wohler?
- Und meine Arbeitsweise im Alltag? Liegt meine ganze Kraft im Anfang oder brauche ich eine »Anlaufphase«? Arbeite ich meiner Neigung entsprechend?
- Wie steht es mit den Übergängen, mit meinem Wechsel zwischen Loslassen und Druck? Bin ich im Fluss?

Spielen Sie mit Variationen. Begeben Sie sich ganz in diese Übergänge zwischen Druck und Leichtigkeit hinein. Gestalten Sie ein ganzes Blatt.

MOMO HATTE BESONDERS TREUE FREUNDE·
EINER DAVON WAR DER ALTE BEPPO· ER WAR
STRASSENKEHRER· ER STAND JEDEN MORGEN
VOR TAGESANBRUCH AUF, UM DIE STRASSEN
DER STADT ZU KEHREN· DER ALTE BEPPO BE-
SASS EINE GANZ EIGENE ART VON
HINGEGEBENHEIT:
BEPPO LIEBTE DIESE STUNDEN VOR TAGESAN-
BRUCH, WENN DIE STADT NOCH SCHLIEF· UND
ER TAT SEINE ARBEIT GERN UND GRÜNDLICH·
ER WUSSTE, ES WAR EINE SEHR NOTWENDIGE
ARBEIT·

WENN ER SO DIE STRASSEN KEHRTE, TAT ER
ES LANGSAM, ABER STETIG:

BEI JEDEM SCHRITT EINEN ATEMZUG UND
BEI JEDEM ATEMZUG EINEN BESENSTRICH·

SCHRITT – ATEMZUG – BESENSTRICH·
SCHRITT – ATEMZUG – BESENSTRICH·

3 Gemeinsam mit Kindern

Der eigene Atem

Ganz bei der Sache, im eigenen Atem, im eigenen Rhythmus – so tauchen wir ein in die Übungen, die sich für Kinder besonders eignen:

ATEMÜBUNGEN

– Stell dir vor, du bist bei einem Kindergeburtstag. Die Geburtstagstorte trägt Kerzen, für jedes Lebensjahr eine. Schau dir die Torte an, und blase dann eine Kerze nach der anderen aus – zuerst durch den Mund, dann durch die Nase.

– Hast du schon einmal gefaucht wie ein Tiger? Versuche dies mehrfach, bis der Tiger müde wird.

ATEMÜBUNGEN MIT EINZELNEN BEWEGUNGEN

Stell dir vor, du hast einen Luftballon in deiner Hand. Blase diesen mit ganz viel Atem auf, immer wieder. Mit jedem weiteren Aufblasen öffne deine Arme und forme den Ballon nach, bis er ganz groß ist. Anschließend lässt du die Luft langsam aus dem Luftballon ausfließen, indem du dazu die Arme wieder senkend schließt.

BEWEGUNGSÜBUNGEN

Von den Atemübungen ausgehend kannst du zu ersten Bewegungsübungen übergehen. Armkreisen: rechts, links, beide Arme miteinander, beide Arme wechselseitig ... – das braucht manchmal ein wenig Übung und vor allem Konzentration. Und nochmals – Armkreisen: rechts, links, beide Arme miteinander, beide Arme wechselseitig ...

Stell dir vor, du bist ein ganz kleiner Baum, niedergekauert in der Hocke. Mit dem Einatmen kann der Baum wachsen und groß werden, indem du dich aus der Hockstellung langsam streckst und dabei die Arme nach oben hebst – wie ein Baum, der in den Himmel wächst. Wie ein Baum kannst du mit deinen Armen im Wind wiegen. Anschließend, mit dem Ausatmen, wird der Baum wieder ganz klein.
Beende die Übung, indem du ein letztes Mal zum großen Baum wächst und dich mit geöffneten Armen im Wind wiegst und der Sonne zuwendest.

Bei sich wiederholenden Tätigkeiten finden Erwachsene und Kinder zu innerer Sammlung. Atem und Bewegung verbinden sich mit dem konzentrierten Gestalten. Dafür eignet sich die auf den folgenden Seiten vorgestellte Arbeit mit einem Radiergummistempel besonders.

Radiergummistempel

Kinder aller Altersstufen lieben es, selbst Stempel herzustellen. Und es ist immer wieder eine schöne Überraschung, dass vor allem Kinder, die als unruhig gelten, hier mit großer Ausdauer und Genauigkeit ans Werk gehen. Es ist eine stille, wiederholende Tätigkeit, die lebhaften Temperamenten entgegenkommt und ihnen hilft sich zu konzentrieren.

Material:
Radiergummi, sehr feinporig
Bleistift, Schneidemesser
Linolwerkzeug
Papier, das bestempelt werden soll, z.B. Einwickelpapier

Mit Linolwerkzeug lässt sich dabei recht gut arbeiten. Besonders für *Negativ-Stempel* ist es hervorragend zu verwenden. Mit dem ganz feinen Messer wird das Stempelmotiv aus dem Radiergummi herausgehoben.

Besonders mit jüngeren Kindern gelingt diese Art am leichtesten, weil bei diesem Stempel nichts in größeren Teilen aus dem Radiergummi herausgeschnitten werden muss.

innen beginnen

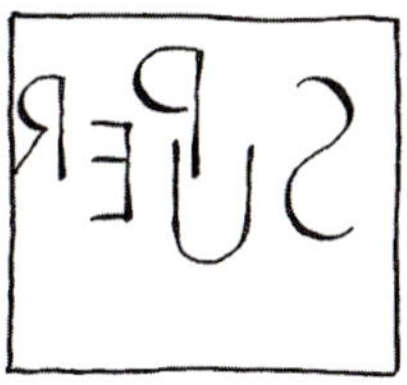

seitenverkehrt!

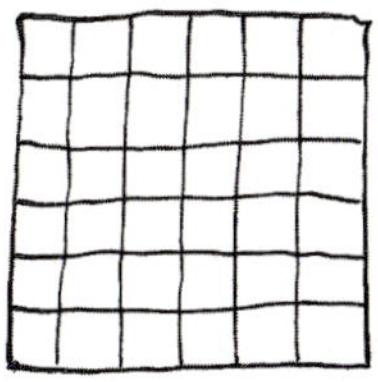

ganz einfach

von außen nach innen schneiden

Beim *Positiv-Stempel* ist dies anders: Das Motiv wird seitenverkehrt auf den Radiergummi vorgezeichnet und alles wird weggeschnitten, was rund um das Zeichen ist. Die schraffierte Fläche wird vom Radiergummi mit 3–4 mm Tiefe weggehoben.

Beim *Stempeln* selbst ist es wichtig, nicht zu fest in das Stempelkissen hineinzudrücken; besser ist es, einige Male mit leichtem Andrücken Farbe zu holen und dann auf das Papier zu stempeln.

Nun beginnt der nächste gestalterische Schritt. Wie werden die Motive angeordnet? Lassen sich Verbindungen herstellen?

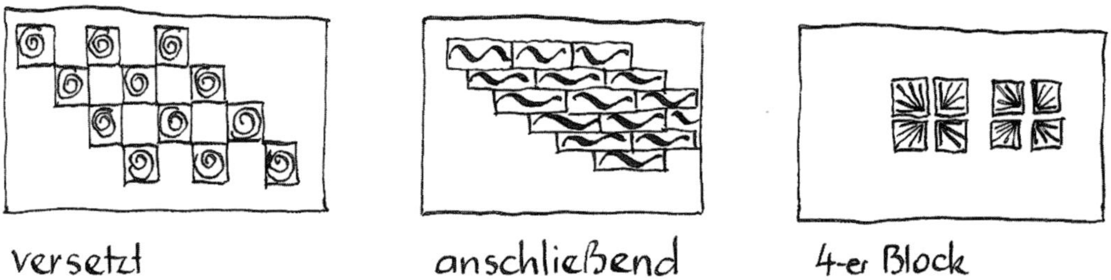

Blindprägen

Das Blindprägen ist wie das Herstellen von Radiergummistempel eine Herausforderung an das räumliche Vorstellungsvermögen. Das Blindprägen übt eine Faszination auf Kinder wie auf Erwachsene aus, weil ohne Farbe gearbeitet wird. Und es ermöglicht mit wenig Aufwand ein Erfolgserlebnis. Somit ist es eine schöpferische Tätigkeit, die vor allem Menschen ermutigt, die von ihren kreativen Fähigkeiten wenig überzeugt sind.

Material:
- Karton ca. 250–300 g, Postkartengröße (DIN A6)
- Schneideunterlage A4
- gutes Schneidemesser
- Bleistift, Radiergummi
- Klebestift
- voluminöses Papier für das Prägen, z.B. weiches Aquarellpapier
- Glasstab (4 mm; z.B. aus der Aromatherapie, Primavera-Produkte)

Weißes oder nur ganz leicht eingefärbtes Papier eignet sich zum Prägen am besten, weil es das Licht-Schatten-Spiel optimal zur Geltung bringt.

Zunächst wird aus dem Karton das Motiv herausgeschnitten. Am Anfang reicht es, einfach ein Quadrat herauszunehmen, um das herum noch genügend Rand stehen bleibt. Dabei sollte ohne Lineal gearbeitet werden. Beim Schneiden ist es wichtig, auf einen möglichst glatten Schnitt zu achten; dies ist die Voraussetzung, um nachher auf dem Papier eine scharfe Prägekante zu bekommen.
Die fertige Schablone wird jetzt so auf das zu prägende Papier gelegt, dass das Motiv seitenrichtig zu sehen ist. Beide Teile werden nun zusammengehalten und auf die Rückseite gedreht. Dann wird das Papier von hinten in die Schablone gedrückt. Bestens bewährt hat sich dabei, mit einem Glasstäbchen in die Kanten hineinzudrücken.
Sie können an der Fensterscheibe arbeiten, dort sehen Sie die Konturen der Schablone besser. Oder Sie entschließen sich, auf die Führung der Schablone einzugehen und eben »blind« zu arbeiten.

KREISE SCHNEIDEN

Um beim Schneiden von Bögen und Kreisen eine möglichst saubere Schnittkante zu bekommen, ist es hilfreich, vor allem die »Haltehand« zu drehen, um die »Schneidehand« möglichst in derselben Position und mit wenig Absetzen führen zu können. Aus diesem Grund ist eine kleine Schneideunterlage zu bevorzugen, die viel Bewegungsfreiheit erlaubt.
Wenn es das Papier erlaubt, kann man die Motive auch übereinander prägen:

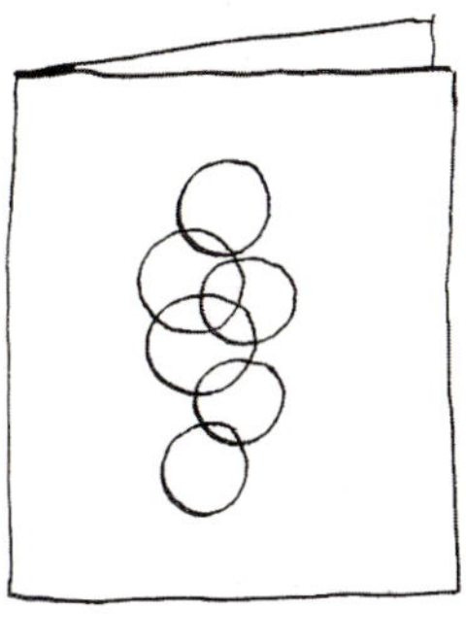

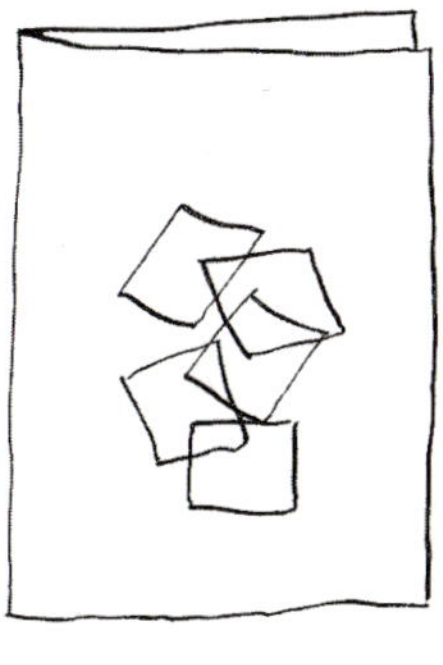

Vielleicht finden Sie nun auch Freude daran, aufwändigere Motive zu bearbeiten, wie zum Beispiel einen Buchstaben:

Schreiben Sie dazu mit einem breiten Kalligrafiewerkzeug den Buchstaben auf den Karton, oder zeichnen einen größeren Buchstaben von einer Vorlage (Zeitung ...) ab.

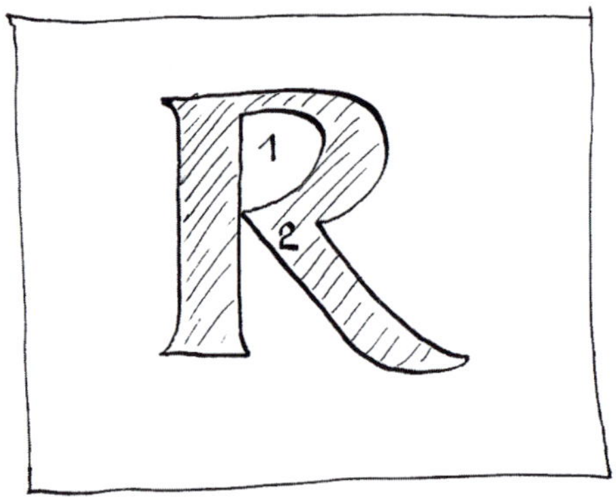

Schritt 1: Die kleinsten Teile (Teil 1) werden zuerst herausgeschnitten und sorgfältig zur Seite gelegt, da sie noch gebraucht werden.
Schritt 2: Den Rest herausschneiden
Schritt 3: Die Schablone (Teil 2) auf ein dünnes Papier aufkleben – und zwar seitenverkehrt.
Schritt 4: Teil 1 wird nun – ebenfalls seitenverkehrt – hineingeklebt.

Nehmen Sie nun die Schablone mit dem Trägerpapier, das nach oben zeigen soll, und legen Sie diese so auf das Papier, dass Sie den Buchstaben seitenrichtig sehen können, wenn Sie alles gegen das Licht halten. Halten Sie beides zusammen, drehen Sie es um und prägen Sie von der Rückseite des Schmuckpapiers.

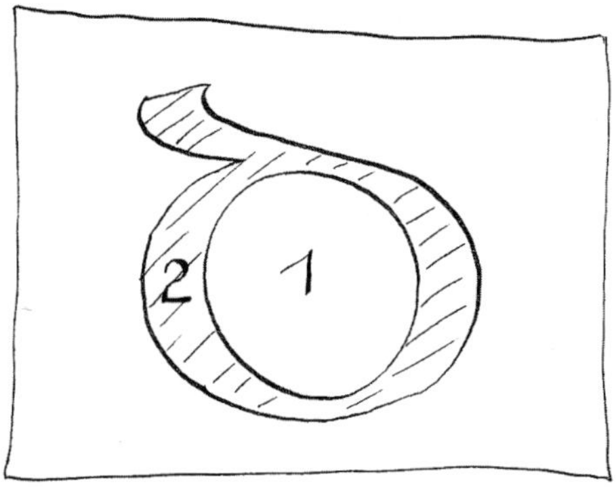

Blindprägen ist nach unserer Erfahrung bereits mit Kindern in der ersten Grundschulklasse möglich – trotz aller Bedenken wegen der Verletzungsgefahr. Wenn Kinder wissen, dass sie mit gefährlichem Werkzeug – in diesem Fall mit einem Schneidemesser – arbeiten, stellen sie sich auch darauf ein. Selbstverständlich sollte die Gruppengröße bei jüngeren Kindern gut überschaubar sein.

Schreibwerkzeuge

Für einfache Übungen in der Schule und zu Hause gibt es preislich sehr günstige Schreibwerkzeuge, die leicht zu beschaffen und herzustellen sind:

STROHHALME

Kinder lieben es, sich mit alten Schriftzeichen zu beschäftigen und in einer »Geheimschrift« mit diesen Zeichen zu arbeiten. Dafür eignet sich der Strohhalm recht gut. Die Halme werden ungeschnitten direkt als Schreibwerkzeug verwendet:

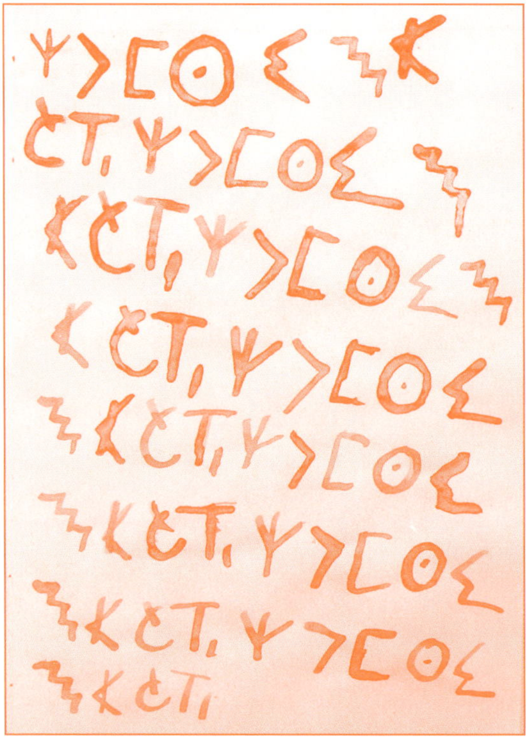

WÄSCHEKLAMMERN

Für erste Übungen im Charakter der Breitfederschrift sind halbe Wäscheklammern gut geeignet, wie sie kostengünstig in Bastelabteilungen erhältlich sind.

COLAFEDER

Mit Kindern ab etwa elf Jahren ist es möglich, selber Schreibwerkzeug aus Abfall herzustellen, nämlich aus Getränkedosen. Es ist ein ganz eigenes Schreibgefühl, mit einer solchen Feder zu schreiben; im Handel gibt es dazu kein vergleichbares Werkzeug.

Material: leere, gewaschene Getränkedose
alte, spitze Schere
gekürztes Essstäbchen oder kleines gerades Ästchen als Halter
Klebeband, Stift zum Anzeichnen
Nassschleifpapier 400

1. Schritt:
Die Dose wird vom Deckel und vom Boden befreit, indem in den Mantel gestochen und dann die Dose rundum aufgeschnitten wird.

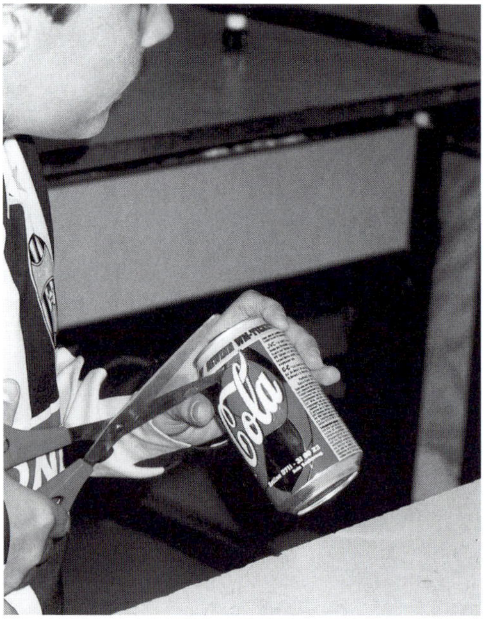

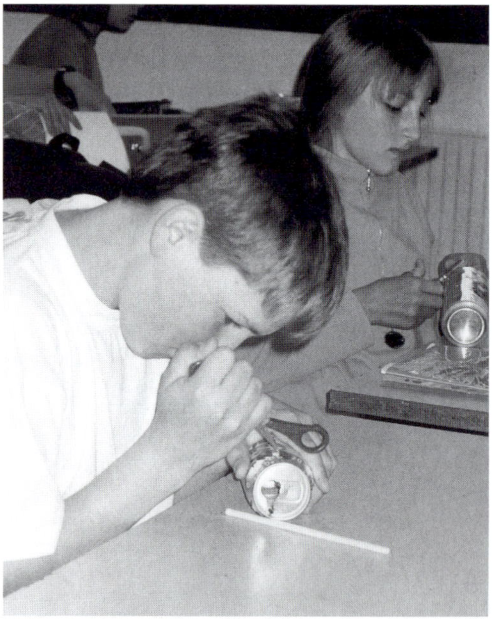

Der Boden kann als Farbgefäß weiterverwendet werden, indem er umgekehrt hingestellt und mit Farbe gefüllt wird.

2. Schritt:
Der Mantel wird aufgeschnitten und die Form, die ausgeschnitten werden soll, mit Bleistift aufgezeichnet.

Die Dose ist unbedingt stehend zu verwenden, damit das so entstandene Schreibwerkzeug leicht zusammengebogen werden kann.

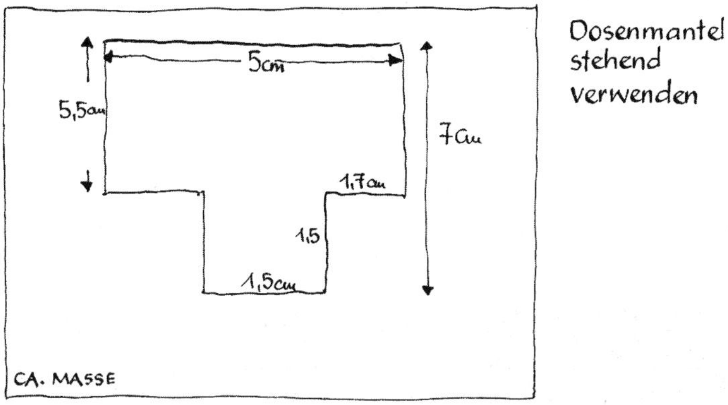

3. Schritt:
Der ausgeschnittene Teil wird nun zusammengebogen, aber nur leicht, damit keine scharfe Bugkante entsteht.

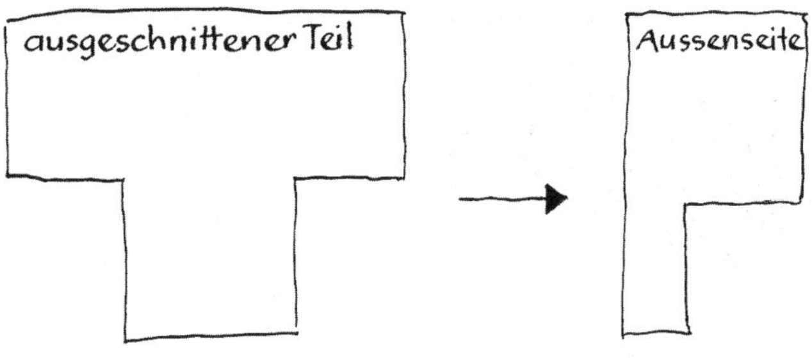

4. Schritt:
Jetzt wird die Form zurechtgeschnitten:

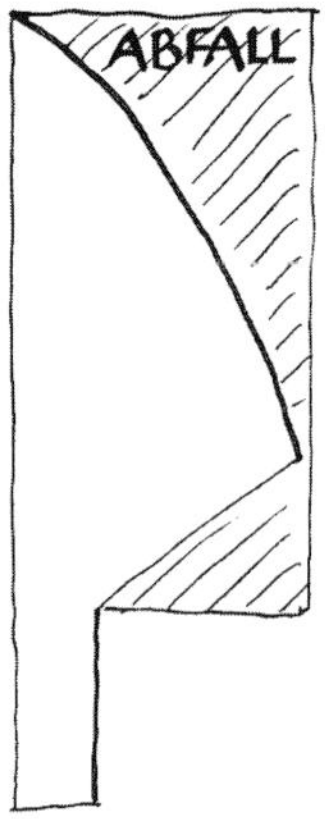

5. Schritt:
Der Halter – ein Ästchen oder ein gekürztes Holzstäbchen – wird mit dem feinen Ende im Hals der Feder eingesetzt und mit Klebeband umwickelt.

6. Schritt:
Die Schnittränder und vor allem die Spitze werden auf einem Nassschleifpapier mit etwas Wasser geschliffen, damit die Kanten nicht zu scharf sind.
Der Abfall ist sorgfältig zu entsorgen (Metallabfall).

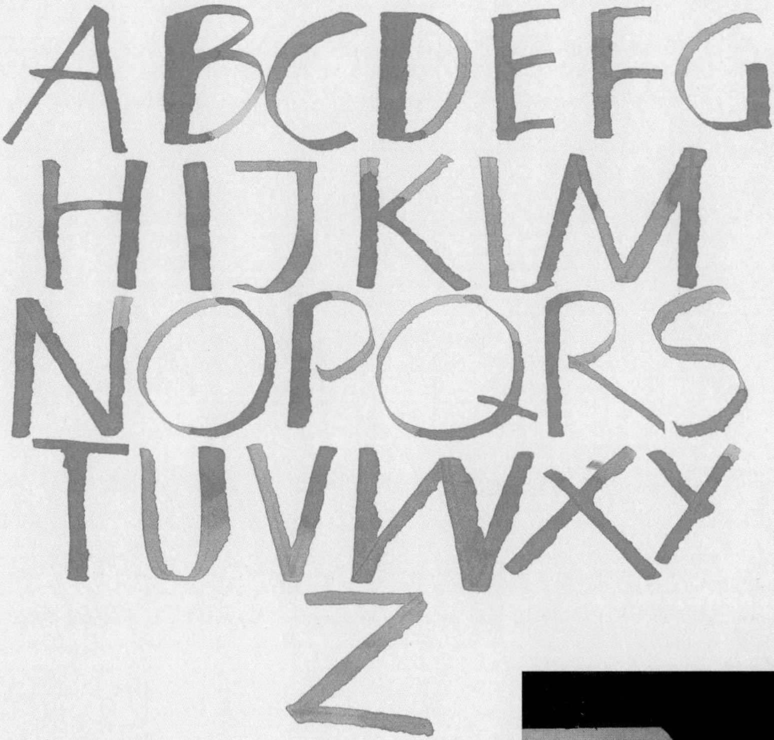
ABCDEFG
HIJKLM
NOPQRS
TUVWXY
Z

Aphrodite

Der Strich einer Colafeder ist sehr lebendig und interessant, es ergeben sich »spritzige« Buchstaben. Für die Kinder ist es eine Herausforderung, mit diesem Gerät vertraut zu werden und beim Schreiben die Möglichkeiten herauszufinden, die eine Colafeder zu bieten hat.

4 Zur Geschichte der Buchstaben und der Schrift

Entwicklung von Schrift

Sich besinnen auf die eigene Herkunft, sich einbinden in den Ablauf von Zeit formt Identität. Wer nicht zurückblickt in die Geschichte, kann keine Identität aufbauen, der Rückblick prägt das Bewusstsein für die eigene Person. Auch jeder Buchstabe hat seine Geschichte, in ihm spiegelt sich die Entwicklung von Jahrhunderten wider. Dies lässt sich am Buchstaben A exemplarisch zeigen:

Die Entwicklung des Lautzeichens A in einer graphischen Zusammenfassung

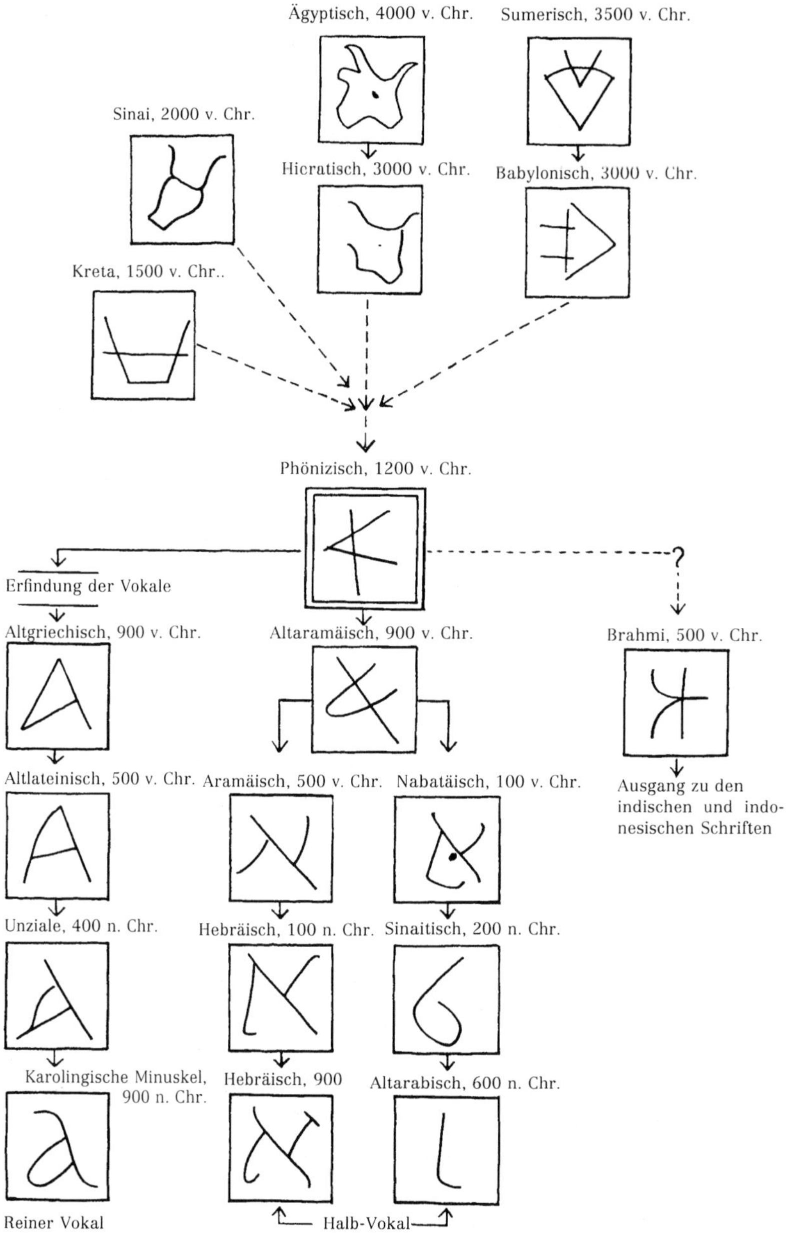

Vor der Schrift bestand die Sprache als ein Verständigungssystem, das sich über Jahrmillionen entwickelt hat. Schrift im Sinne eines ausdrücklichen Festhaltens von Gedachtem und Ausgesprochenem gibt es von dem Punkt an, wo Zeichnungen und Zeichen in direkter Beziehung mit ausgesprochenen Silben und Wörtern auftreten. Die Weiterentwicklung dieser Bilderschriften geschieht in zwei Richtungen:

1. Es gibt die bildhaft gebliebenen Schriften, die – wenn auch stilisiert – auf Bildern aufgebaut sind.

Chinesische Schriftentwicklung

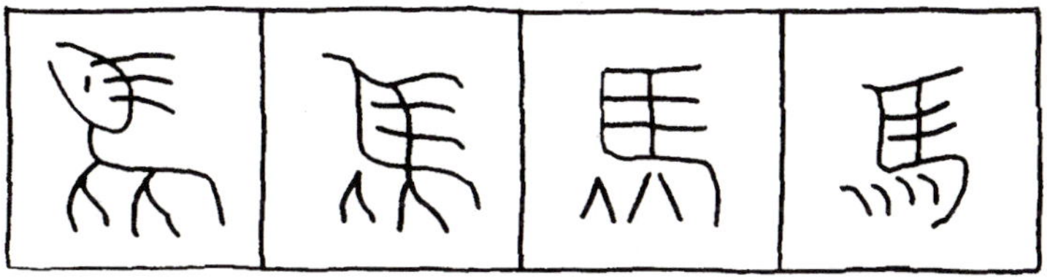

Pferd (archaisch) Pferd (heute)

2. Bei den alphabetischen Schriften wurden die Bild-Zeichen so verändert, dass sich im Laufe der Zeit abstrakte Zeichen herausgebildet haben.

Lateinische Schriftentwicklung

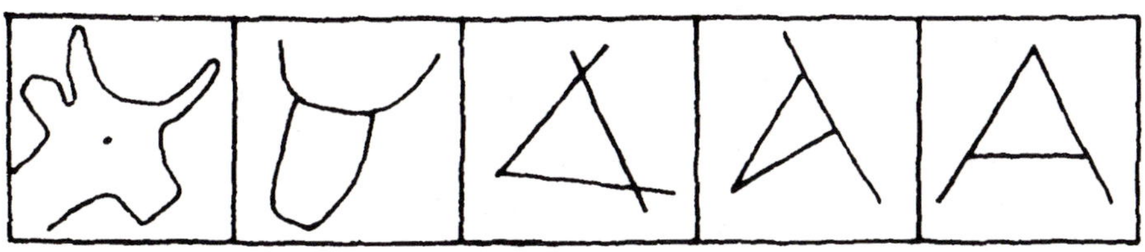

Von der Hieroglyphe bis zum heutigen Tonzeichen »A«.

Das Bild entwickelt sich weiter zum ideenhaften Ausdruck, vom Bild-Zeichen zum Ideen-Zeichen. Durch die so genannten Determinativen werden Kombinationen und neue Begriffe möglich. So wird zum Beispiel »Pflug« zusammen mit »Grundstück« zum »Acker«, zusammen mit »Mann/Mensch« wird es zum »Bauern«.

Chinesisch

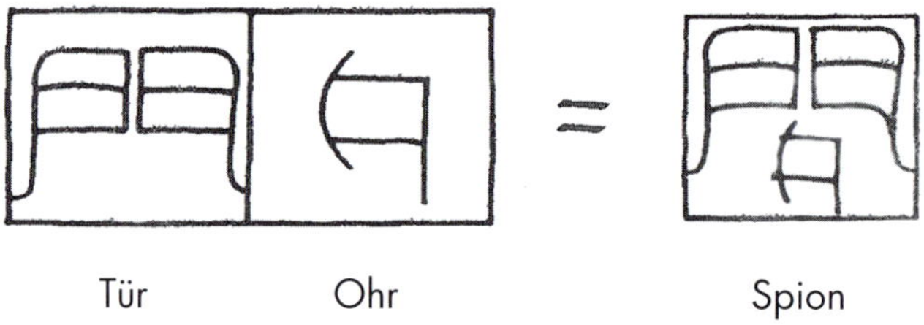

Erwachsene und Kinder können diese Art der Darstellung spielerisch umsetzen: Erfinden Sie allein oder in kleineren Gruppen weitere solche Bild-Kombinationen und stellen Sie diese grafisch dar. Die anderen Personen können im Sinne eines Bilderrätsels die dargestellten kombinierten Begriffe erraten. So kann ein Spiel zwischen mehreren Personen oder zwischen Gruppen entstehen.

Am Ende des 2. Jahrtausends vor Christus gab es bereits eine große Anzahl von Schriftsystemen. Die Phönizier lebten am östlichen Ufer des Mittelmeeres, ihre Handelstätigkeit erforderte eine ausgedehnte Kenntnis anderer Sprachen und Schriften. In dieser Zeit vereinheitlichten die Phönizier die Schriften, indem sie die Konsonanten nicht mehr in Silben (be, di, gu ...) verschmolzen, sondern als eigene kleinste Lauteinheiten (b, d, g ...) fixierten. Diese phönizischen Konsonantenzeichen sind heute allgemein als Ausgangsbasis aller alphabetischen Schriften anerkannt. Das phönizische Alphabet bestand aus 22 Konsonanten und einigen so genannten Halbkonsonanten, die als die Vorläufer unserer Vokale angesehen werden. Im Griechischen wurde dieses Alphabet übernommen und mit vier zusätzlichen Zeichen für eine präzise Vokalfixierung erweitert. So entstanden im Laufe der Zeit, beeinflusst auch durch die jeweiligen Schreibinstrumente, die Alphabete, die (größtenteils) aus Vokalen und Konsonanten bestehen.

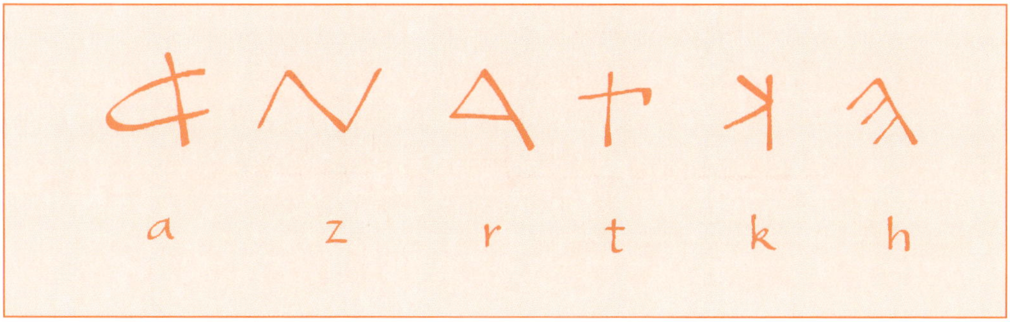

ERFAHRBARE SCHRIFTGESCHICHTE

Schriftzeichen aus längst vergangenen Kulturen üben nach wie vor große Faszination auf uns aus. Noch eindrücklicher kann es sein, sich selbst darauf einzulassen, ohne Papier und ohne Schreibflüssigkeit zu schreiben. Eine reizvolle Möglichkeit dazu bietet die Arbeit mit Ton, wie im Folgenden beschrieben.

Tontafeln

Schriftgeschichte kann heute erfahrbar werden, indem die Buchstaben mit einfachen Stäbchen (Zündhölzer) in Tontafeln eingedrückt werden.

Material: leicht trocknende Modelliermassc, z.B. ABC-Plast
Zündhölzer (vierkantig)
Teigroller
Folie, z.B. Küchenfolie

Die Modeliermasse wird zuerst durchgeknetet und zwischen zwei Folienschichten auf ca. 1 cm Höhe ausgewalkt. Mit einem Zündholz werden die Buchstaben hineingedrückt.

Vorschlag für ein Alphabet:

Auf diese Weise entsteht eine plastische Schrifttafel, die einen zusätzlichen Reiz durch das ausgeprägte Licht-Schatten-Spiel der Buchstaben erhält. So bekommen Sie und die Kinder einen erfahrbaren Eindruck, was Schreiben ohne Farbe und Papier bedeutet haben mag.

Mit Kindern kann man Namenstäfelchen herstellen (mit einem Loch versehen lassen diese sich auch gut aufhängen) oder kurze Botschaften erarbeiten, die in die Täfelchen eingedrückt werden. Auch reduzierte Zeichen können als Symbole in die Tontafeln eingeritzt werden.

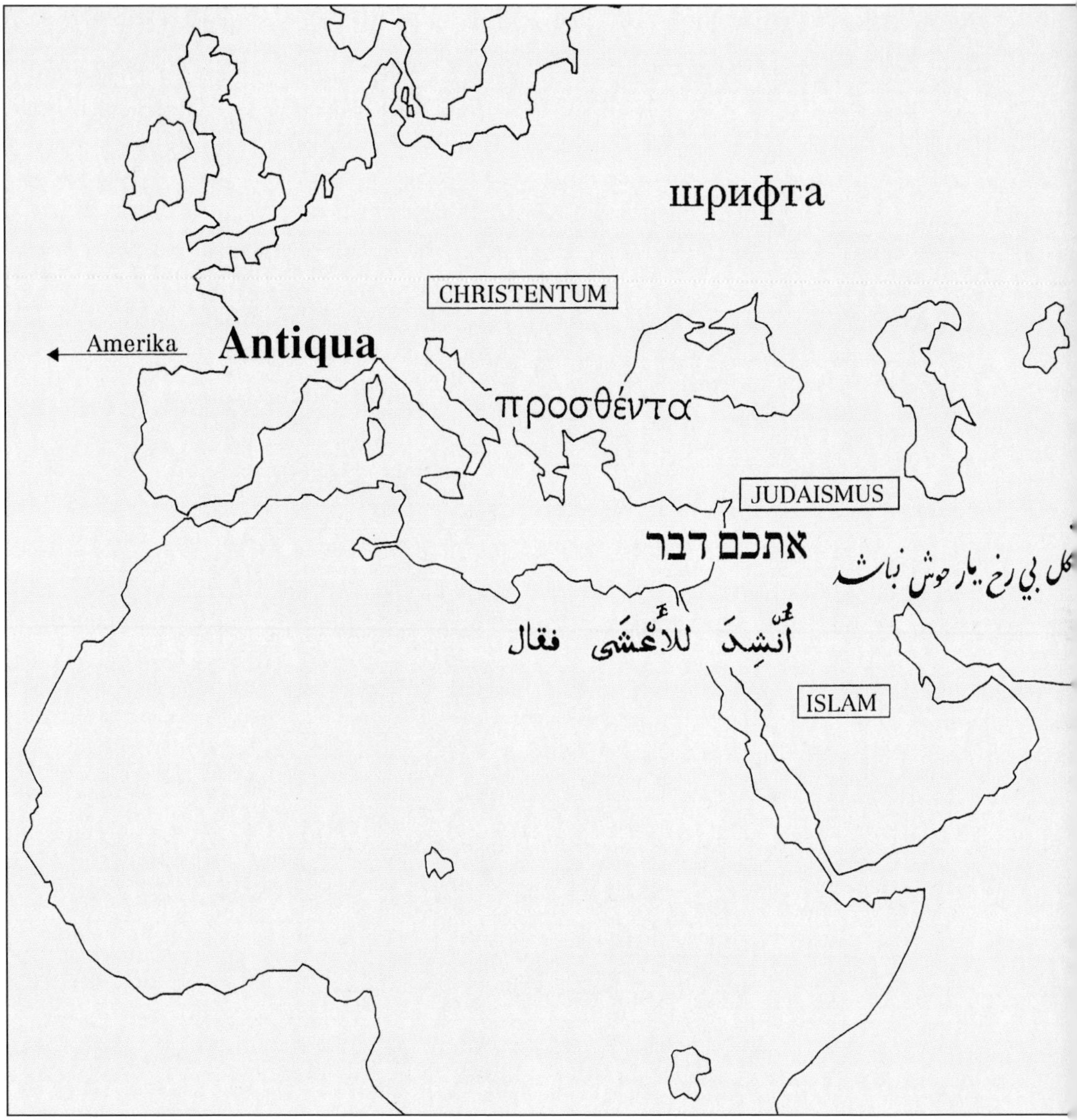

Die Karte zeigt – vereinfacht – die heute noch gebräuchlichen Grundalphabete. Nur das Charakteristischste ist eingezeichnet, allein in Indien gibt es fünfzehn verschiedene Alphabete, die heute verwendet werden.

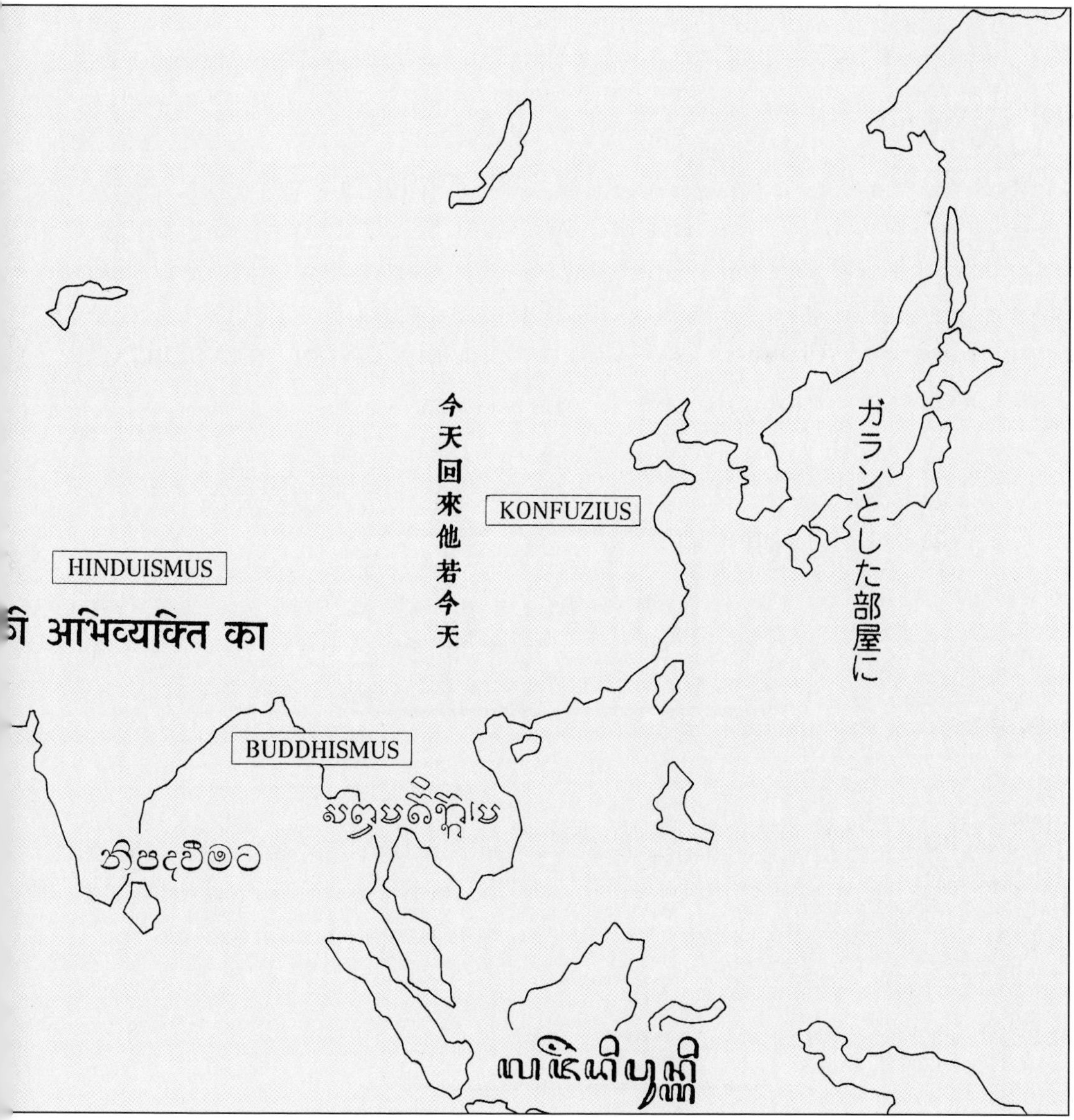

Die Alphabetformen lassen sich mit den angeführten Religionen verbinden, diese prägten und benutzten die jeweilige Schriftgruppe.

Zu den ältesten Alphabeten gehört die hebräische Quadratschrift. Sie hat sich aus Respekt vor der jüdischen Überlieferung seit nahezu 3000 Jahren kaum verändert (vgl. S. 54 ff.). Die griechischen und lateinischen Kulturen und in Folge das Christentum formten im Bereich des östlichen orthodoxen Christentums die kyrillischen Schriften. In den katholischen und reformierten Glaubensrichtungen wurde die Schrift bis hin zur Minuskel (Schrift mit Kleinbuchstaben) der Renaissance geformt. Die westliche Entwicklung der Schrift von der römischen Kapitalis ausgehend weist klar getrennte Einzelformen auf, eingeschobene Vokallaute erleichtern das Lesen.

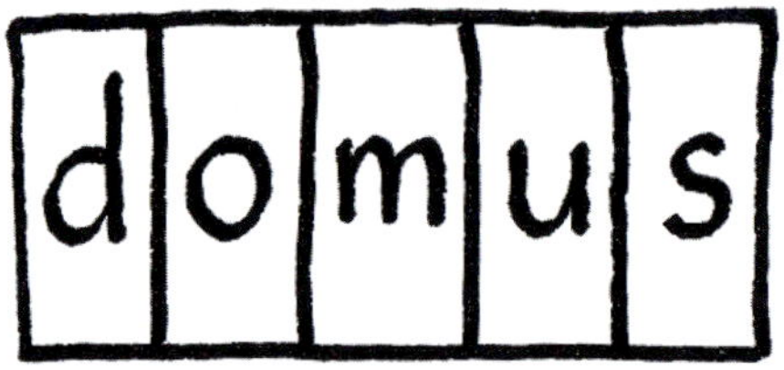

Der arabische Schriftausdruck breitete sich in den Gebieten des Islam von Nordafrika über Kleinasien bis an den Fuß des Himalaya aus, die Vokalisierung durch Akzente bewahrte den flüssigen Schriftzug.

Die Devanagari in Nord-Indien wurde als eigenständige Schrift zum geheiligten Ausdruck der Hindus und ist heute Nationalschrift Indiens. Zum Buddhismus gehören die aus der Davanagari entstandenen Schriften der Pali-Sprachen. Die chinesische Schrift hat als Bilderschriftensystem eine eigenständige Entwicklung genommen, die japanische Schrift entstammt der chinesischen wobei Silben- und Einzeltonfestlegungen vereinfacht wurden.

5 Schrift und Form in der religiösen Tradition

Seit alters her sind die Schriften in ihrer Entwicklung verbunden mit den jeweiligen religiösen Traditionen. Oft wurde die Kunst des Schreibens als ein heiliger Akt gesehen, der Priestern und Mönchen vorbehalten war. Im meditativen Schreiben und Gestalten suchen Menschen seit Jahrhunderten sich in heilige Worte zu versenken, sie im Wiederholen sich einzuverleiben und so ganz in sich aufzunehmen. Im kalligrafischen Gestalten haben Menschen verschiedener Religionen einen Zugang zum Inhalt religiöser Worte und Gedanken sowie zu Stille und Meditation gefunden.

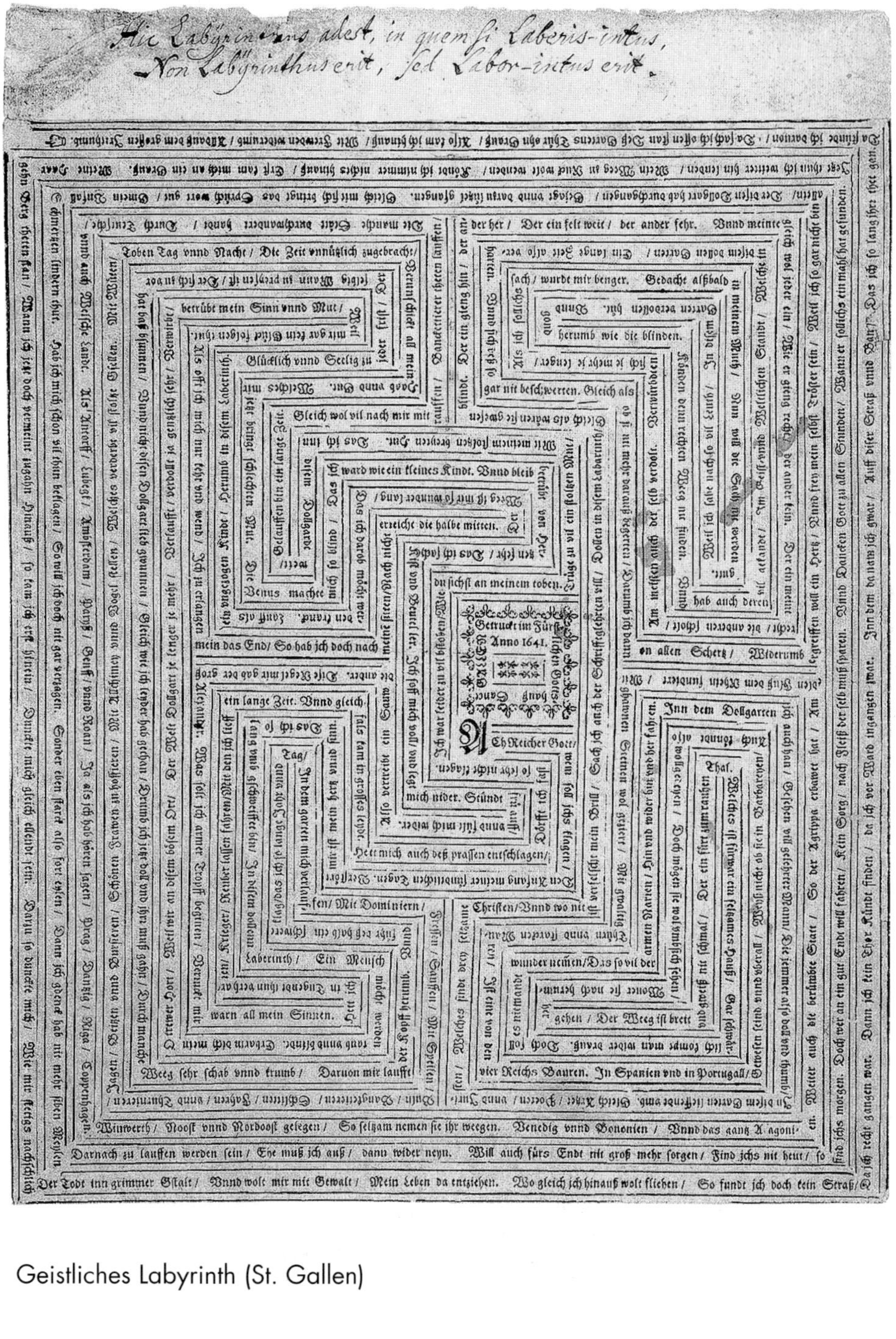

Geistliches Labyrinth (St. Gallen)

Im Judentum – Buchstaben des Lebens

Die hebräischen Buchstaben sind für Jüdinnen und Juden traditionell Quelle der Weisheit, der Meditation und der Fantasie. Das hebräische »Alefbet« ist geradezu ein Lehrbuch der Spiritualität, in den Buchstaben wird die religiöse Tradition lebendig. Wer sich mit den Buchstaben beschäftigt, wer sie sich schreibend erschließt, taucht ein in die Welt des Judentums.

In einem kabbalistischen Text aus dem 13. Jahrhundert, im *Sefer Hatmuna,* heißt es – so Lawrence Kushner –, »dass ein Buchstabe unseres heutigen hebräischen Alphabets fehle und dass dieser Buchstabe erst in der Zukunft entdeckt werden würde. Der anonyme Autor erklärt, dass jeder Defekt in unserem Universum auf geheimnisvolle Weise mit diesem fehlenden Buchstaben zusammenhänge – ein unvorstellbarer Konsonant, dessen Klang ungeahnte Wörter und Welten ermöglichen und Unterdrückung in Liebe verwandeln würde.« Lawrence Kushner erläutert in seinem Buch »Sefer Otijot – Das Buch der Buchstaben« alle Buchstaben des Alefbet, einzelne greifen wir hier heraus:

»*Jud* ist der kleinste Buchstabe. Der am leichtesten zu schreibende. Du musst lediglich mit der Feder das Papier berühren, und schon hast du ein *Jud.*« (S. 40).

»Es gibt eine Tradition, die sagt, dass die kommende Welt mit dem Buchstaben *Jud* erschaffen wurde, denn so, wie das *Jud* gebeugt wird, wird es mit dem Hochmütigen in der Zukunft geschehen.« (S. 40)

Oder der Buchstabe *Alef:* »Er hat keinen Klang. Nur den Ton, den du ausstößt, bevor du den Ton machst, den du für den ersten hältst. Öffne deinen Mund und beginne, einen Ton zu bilden. Halt! Das ist Alef.« (S. 17)

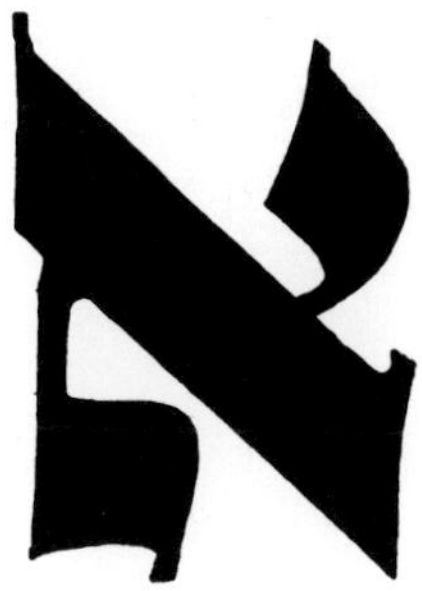

Oder der letzte Buchstabe, *Taw:* »*Taw* ist der Klang Gottes und der Klang des Menschen. Dies ist der kostbarste Klang, der am tiefsten geliebte. Zusammen haben Gott und Mensch das *Taw* geformt.« (S. 70 f.)

Mit Kindern ist es besonders spannend, sich den hebräischen Buchstaben und der hebräischen Sprache zu nähern. Hier zwei Vorschläge von Pia Gehrlein:

1. Im Hebräischen schreibt man von rechts nach links:
   NEDUJ EID NEBIERHCS OS
   Kannst du das lesen?

2. Sie lassen die Vokale (a, e, i, o, u) beim Schreiben weg, sprechen sie aber: NDJ D NBRHCS S
   Jetzt wird es mit dem Lesen schon schwierig, oder?

Indem wir Kindern einen Zugang zu einzelnen Buchstaben ermöglichen, eröffnen wir ihnen einen Einblick in den Reichtum jüdischer Buchstaben und Schrift, die im Laufe der Jahrhunderte mit einer intensiven Zahlensymbolik verbunden wurden. Im Baum des Alphabets erschließt sich ein ganzer Kosmos von Buchstaben und Zahlen.

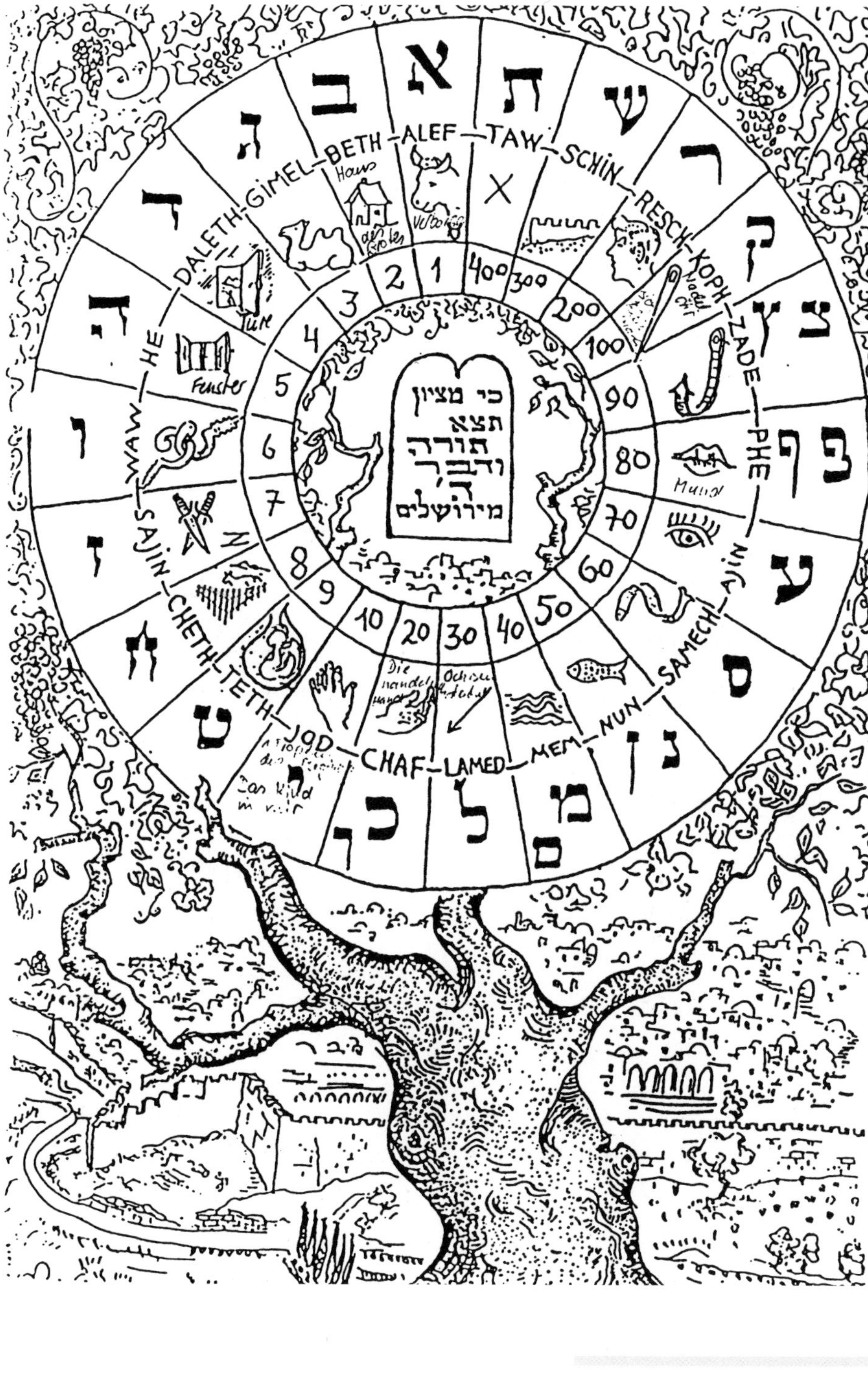

א ALEF 1
ב BETH 2
Haus
ג GIMEL 3
ד DALETH 4
ה HE 5
Fenster
ו WAW 6
ז SAJIN 7
ח CHETH 8
ט TETH 9
י JOD 10
כ ך CHAF 20
ל LAMED 30
מ ם MEM 40
נ ן NUN 50
ס SAMECH 60
ע AJIN 70
פ ף PHE 80
Mund
צ ץ ZADE 90
ק KOPH 100
ר RESCH 200
ש SCHIN 300
ת TAW 400
כי מציון
תצא
תורה
ודבר
ה׳
מירושלים

Im Christentum – Das Wort sich einverleiben

Das bewusste Schreiben und Gestalten einzelner Buchstaben hat auch in die christliche Tradition Eingang gefunden. Initialien können zu aufwändigen Bildern werden, die eine ganze Geschichte darstellen und erzählen.

Bild einer Initiale
(St. Gallen)

Nehmen Sie Ihren eigenen Namen oder den Namen einer Person, die Ihnen lieb ist. Einen Namen zu haben und beim Namen gerufen zu sein, hat eine große Bedeutung im jüdisch-christlichen Glauben. Gestalten Sie mit Stift oder Feder, mit Tinte oder mit verschiedenen Farben den Anfangsbuchstaben dieses Namens, indem Sie den Buchstaben zur Charakterisierung der Person werden lassen. Sie können auch anstelle des ersten den letzten Buchstaben des Namens zur Gestaltung wählen.

Die christliche Botschaft betont das Hören des Wortes Gottes: »Der Glaube kommt vom Hören«, heißt es im Römerbrief. Im Meditationsweg der Ostkirche, im »Herzensgebet« oder »Jesusgebet«, wird ein bedeutsames Wort des Glaubens in den Rhythmus des Atems genommen – beim Ausatmen und beim Einatmen wird das Wort wiederholt, immer wieder. So kann dieses Wort, dieser Gedanke den ganzen Menschen erfüllen. Worte des Glaubens eignen sich dazu, etwa »Vater«, »Abba«, »Jesus Christus«, aber auch Begriffe wie »Liebe« oder »Frieden«.

Die »ruminatio«, das Wiederkauen, öffnet den Weg nach innen und in die Tiefe. Im Wiederholen wird ein Text, ein Satz, ein Bibelvers einverleibt und »verdaut«. Der Rosenkranz als mantrisches Gebet lebt von der Wiederholung im Atemrhythmus, manche religiösen Lieder finden erst im wiederholten Singen zu ihrer Tiefe.

Auch beim Schreiben verharren wir in der Wiederholung, schreiben einen Namen, einen Satz oder einen Text mehrfach, immer wieder. Wenn mir ein Gedanke besonders wichtig ist oder wenn er mich besonders beschäftigt, wenn er mich belastet und nicht verständlich werden will, dann schreibe ich ihn immer wieder – in großen und in kleinen Buchstaben, mit verschiedenen Stiften und Federn, in unterschiedlichen Farben, oder auf die immer gleiche Art, einfach wiederholend, bis der Gedanke in mir Platz genommen hat.

Im Schreiben kann man beim gehörten Wort verweilen, sich vertiefen und dieses Wort ganz in sich aufnehmen. Zum Schreiben benötigt man Ruhe, durch Schreiben kann man zur Ruhe kommen. Neben der kunstvollen Gestaltung der Bibel-Handschriften in der Schreibtradition der Mönche gab es »Wortlabyrinthe«, in denen zentrale Bibel- oder Glaubenssätze in der Form eines Labyrinths oder eines Mandalas geschrieben wurden.

Johannes Caspar Hiltensperger (gest. 1754)
Text: Jesus Sirach 1, 1f: »Alle Weisheit ist bei Gott …«

Schreiben Sie Ihren Lieblingstext, Ihren Lieblingsgedanken, einen Spruch aus der Bibel oder Ihr Lebensmotto in der Form einer Spirale oder eines Mandalas nieder.

Anleitung zur Konstruktion der Spirale

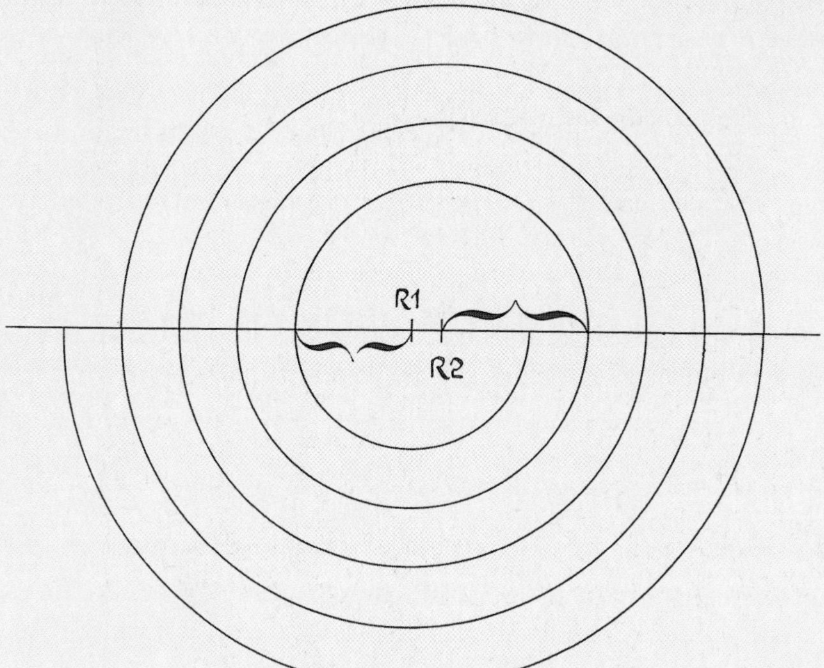

R1: Punkt für Zirkelspitze der unteren Halbkreise
R2: Punkt für Zirkelspitze der oberen Halbkreise
Abstand zwischen R1 – R2: Hälfte des Zeilenabstands

ANLEITUNG ZUM UMGANG MIT HANDSCHRIFT

Sie möchten einen Satz oder einen Text ganz intensiv aufnehmen? Sie möchten sich die Worte förmlich einverleiben? Indem Sie einen Text nicht nur lesen, sondern schreibend lesen, können Sie dies tun. Und Sie können dies in Ihrer eigenen Handschrift tun.
So mancher schöne Satz, der beim raschen Lesen ansprechend klingt, besteht die »Schreibprobe« nicht. Doch ein Text, den Sie anfänglich nicht ganz »durchschauen«, lüftet sein Geheimnis durch das Schreiben.

Dabei bringt die Handschrift viele Varianten ins Spiel:
Wenn Sie auch nur einen einzelnen Punkt wie zum Beispiel Tempo oder Druck verändern, wirkt sich das sofort auf Ihr Schriftbild aus.

Nehmen Sie einen Bleistift (ca. 2B) und erforschen Sie diese Auswirkungen. Schreiben Sie jeweils drei bis fünf Zeilen von jeder Übung. Die Aufmerksamkeit gilt dem jeweiligen Detail, nicht der Lesbarkeit.

1. Übung
Ihre ganz persönliche Handschrift in Ihrem eigenen Tempo.

2. Übung
Üben Sie ganz fest Druck mit dem Bleistift auf das Papier aus.

Mit viel Druck verlangsamt sich
das Tempo und die Flüssigkeit geht

3. Übung
Huschen Sie mit dem Stift in höchster Leichtigkeit über das Papier.

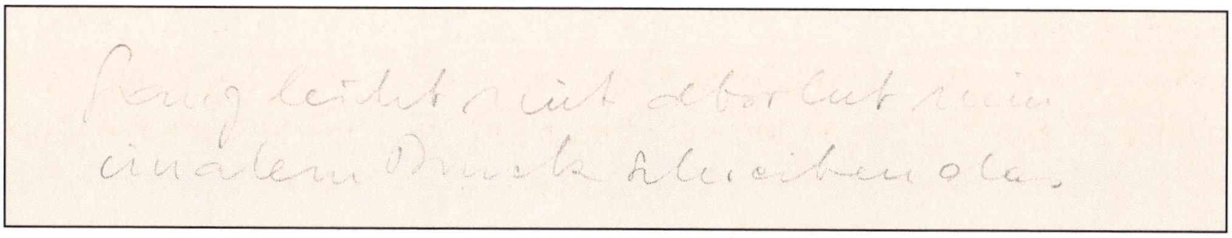

Haben Sie gespürt, wie sich Ihr Befinden verändert, wenn Sie den Druck außerordentlich schwer oder leicht einsetzen.

4. Übung
Schreiben Sie ganz eng und hoch.

5. Übung
Die Schrift ist jetzt sehr breitläufig und flach.

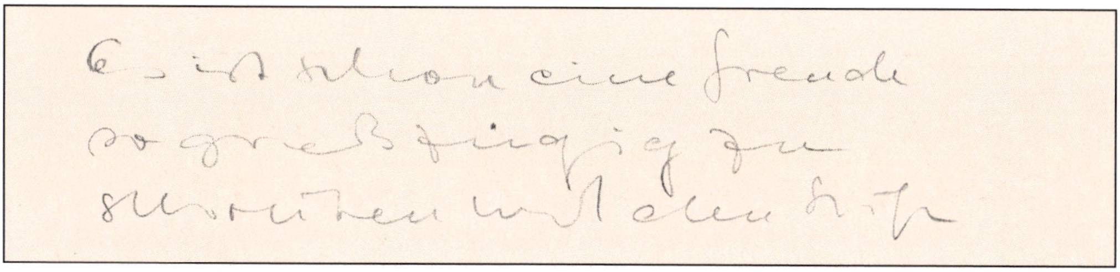

6. Übung
Wechseln Sie die Neigung der Schrift – gerade, rechtsschräg und linksschräg.

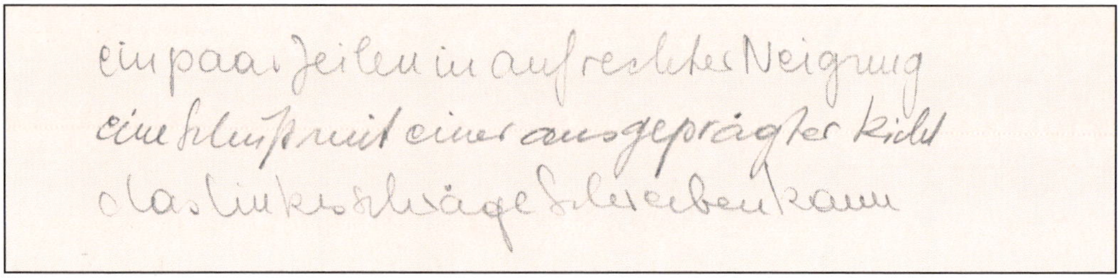

7. Übung
Schreiben Sie, so schnell Sie können.

8. Übung
Spielen Sie mit den verschiedenen Übungen, indem Sie sie kombinieren.

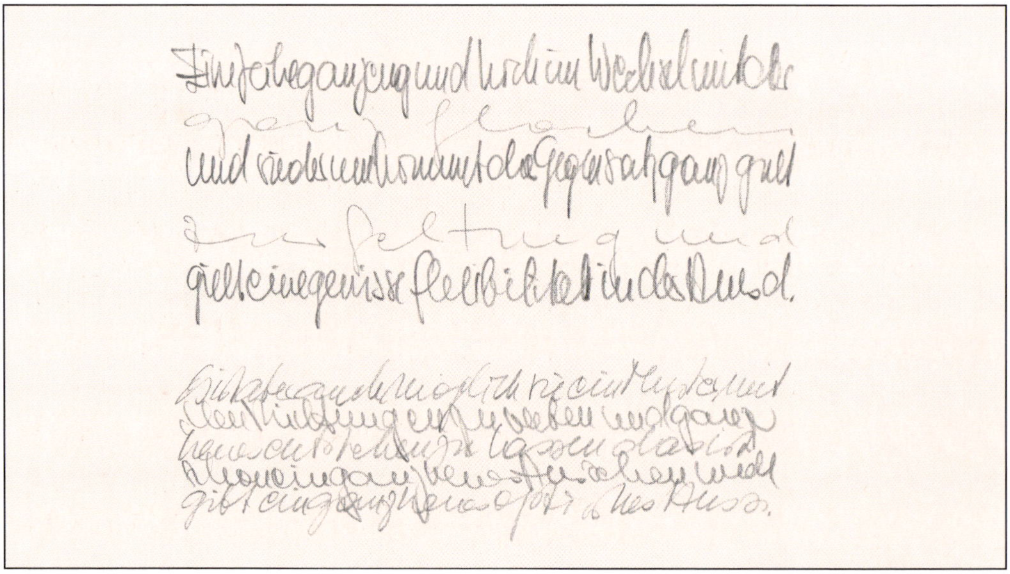

9. Übung
Führen Sie die vorangegangen Übungen mit anderen Schreibwerkzeugen durch, mit Spitzfeder, Filzschreiber etc.
Das Eintauchen in andere Schreibverhalten kann einen Weg eröffnen, aus purer Lust am Schreiben Neues zu entdecken und einen gestalterischen Ausdruck zu finden.

10. Übung
Versetzen Sie sich in eine bestimmte Emotion (Freude, Übermut, Wut, Macht ...) und dehnen Sie das Gefühl aus. Schreiben Sie jetzt in der Rolle eines freudig erregten Menschen oder als Machthaber ...
In einer Gruppe kann diese Übung auch als Ratespiel eingesetzt werden. Welche Emotion drückt das geschaffene Schriftbild aus?
Es geht hier nicht um einen konkreten Text (der ergänzend natürlich verwendet werden kann) oder um Lesbarkeit, sondern zuerst einmal um den Ausdruck und die Ausdruckskraft der Schrift.

HANDSCHRIFT VERÄNDERN

Die vorangegangen Übungen haben in Ihnen vielleicht den Wunsch geweckt, Ihre persönliche Handschrift noch eingehender zu betrachten oder gar zu verändern. Es würde den Rahmen dieser Anleitungen übersteigen, dieses Thema näher auszubreiten. Unserer Auffassung nach gibt es keine »ideale« Handschrift und Veränderungen zu Gunsten der Lesbarkeit sollten mit Feingefühl in die eigene Schrift einfließen. Auch der Wunsch nach einem ausdrucksstärkeren Schriftbild ist eher ein Prozess, der möglicherweise mehrere Bereiche als nur die Schrift berührt (wie innen so außen und umgekehrt). Als Einstieg, um Veränderungen herbeizuführen, können diese Übungen zur Unterstützung dienen, für sich selbst neue Ausdrucksformen zu entdecken – und für möglich zu erachten.

Im Islam – Ohne Anfang und ohne Ende

Die Bildlosigkeit Gottes führte dazu, dass der Mensch – wie auch andere Lebewesen – im Islam nicht bildhaft dargestellt wurde. So entwickelte sich im Islam stattdessen der kalligraphische Umgang mit Schrift, die künstlerische Gestaltung der Koranverse und die Arabesken. Die Arabeske drückt in all ihren Ornamenten das Streben nach Entsinnlichung aus. In der sich wiederholenden Form ist sie ohne Anfang und ohne Ende. Begrenzt und unbegrenzt zugleich soll in Schrift und Ornamenten fassbar werden, was jeden Rahmen sprengt.

Beispiel von Koranversen/Arabesken

Bedeutsame Worte (Friede, Gemeinschaft ...) werden in zeitgenössischen Kalligrafien umgesetzt. Die unten stehende Kalligrafie bedeutet übersetzt: »Es gibt Platz für alle auf dieser Welt.«

Im Buddhismus – Sich versenken im Schreiben

Schriftkunst und Schreiben dienen der Versenkung, sie sind religiöse Handlung. Im Zen ist die Tradition des verweilenden Schreibens ausgeprägt. Charakteristisch dafür ist der Raum, nicht als abgemessenbegrenzter, angefüllt mit Gegenständen, sondern als leerer Raum. Die Aufmerksamkeit gilt der Leere, dem Nicht-Beschriebenen.

Eugen Herrigel schreibt:
»Der Raum der Zen-Maler dagegen ist ewig unbewegt und doch bewegt wirkend, lebt, atmet gleichsam, ist gestaltlos, leer und doch Ursprung aller Gestaltung, ist namenlos und doch Grund dessen, was Namen trägt ... Und alle Bildbetrachtung beginnt mit der Betrachtung des Leeren« (S. 46).

6 Und pädagogisch?

Das Üben beginnt nicht beim Kind, sondern setzt bei der Lehrperson an, bei deren innerer Haltung, bei deren inneren Überzeugungen. Deshalb sind diese Übungen zu Schrift und Form so aufgebaut, dass Sie diese Schritt für Schritt mitvollziehen können, mit Kindern oder Jugendlichen gemeinsam. Die Atem- und Bewegungsübungen unterstützen die Übungen im Schreiben und Gestalten. Sie können auch einfach blättern und schmökern und einzelne Impulse ausprobieren. Die Übungen sind so gestaltet, dass die Lehrperson keine zusätzliche Ausbildung zum Einsatz dieser Übungen braucht. Dennoch sei Ihnen ans Herz gelegt: Das verweilende Gestalten ist nicht ohne eigenes Verweilen möglich.

Schreiben wird dabei als Fertigkeit geübt, zugleich werden Haltungen wie Ausdauer und das Verweilen gefördert. Die Kreativität kann sich im Kind entfalten, vorgegebene Grenzen in Form und Rahmen können gesprengt werden. So kann es Spaß machen, sich eine Zaubererin vorzustellen, die die eigene Schrift verhext, sodass für einige Zeilen »sudelig« und »schlampig« geschrieben wird. Es kann förderlich sein, wenn Rechtshänder einmal mit der linken Hand schreiben (und auch umgekehrt).

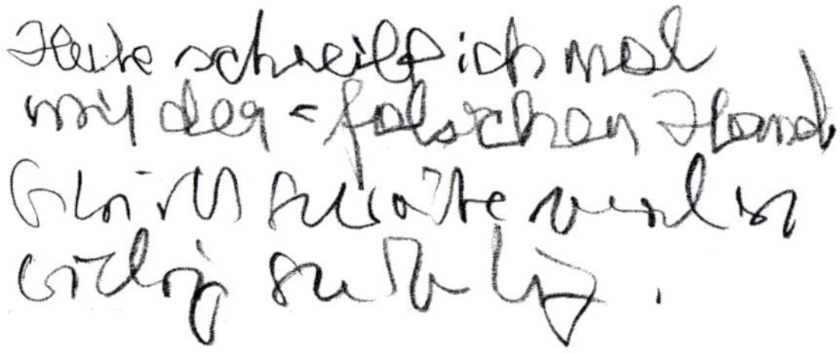

Linkshändigkeit

Linkshänder haben oft eine sehr eigenwillige Schreibhaltung, die manchmal gerade beim Schreiben mit Flüssigkeit und Stahlfeder hinderlich ist. Eine Änderung der Körperhaltung oder eine andere Position des zu beschreibenden Blattes können dabei Abhilfe schaffen.

Eine Möglichkeit, die sich sehr gut bewährt hat, ist, das Blatt nicht direkt mittig vor sich zu legen, sondern ganz an die linke Seite, sodass die linke Hand entspannt in gerader Haltung arbeiten kann. Auf diese Weise hat man ähnliche Voraussetzungen wie Rechtshänder: kein Verwischen der Tinte und eine entspannte Haltung. Natürlich darf man nicht vergessen, das Blatt ständig nachzurücken, so wie das ja Rechtshänder auch tun sollten.

Darüber hinaus gibt es für Linkshänder Spezialfedern, die in einen normalen Federhalter eingespannt werden. Diese Spezialfeder ist einen Versuch wert, allerdings ist sie in üblichen Fachgeschäften kaum erhältlich (Bezugsquelle im Anhang).

Lockerung und Dynamisierung

Magdalene Heermann beschreibt einige schöne Übungen, die zur Lockerung und zur Entspannung führen. Die Übungsvorschläge auf den Seiten 72–74 greifen ihre Ideen auf.

Mit körperlichem Druck gegen die Tafel werden mit beiden Händen senkrechte Striche gezogen, mit dem Ausschwingen der Arme geht das Ausatmen einher.

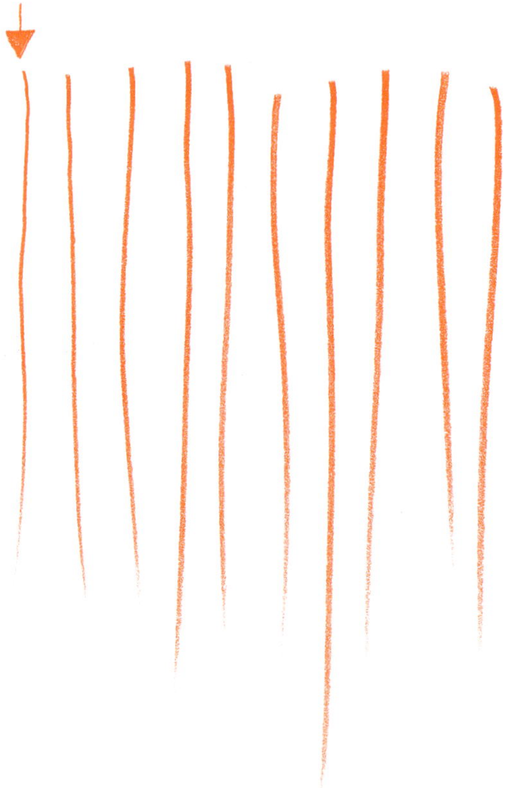

Mit beiden Händen können an der Tafel große Kreise beschrieben werden, immer wieder die Bewegung wiederholend. Diese Schwingbewegung kann auch am Tisch ausgeführt werden.

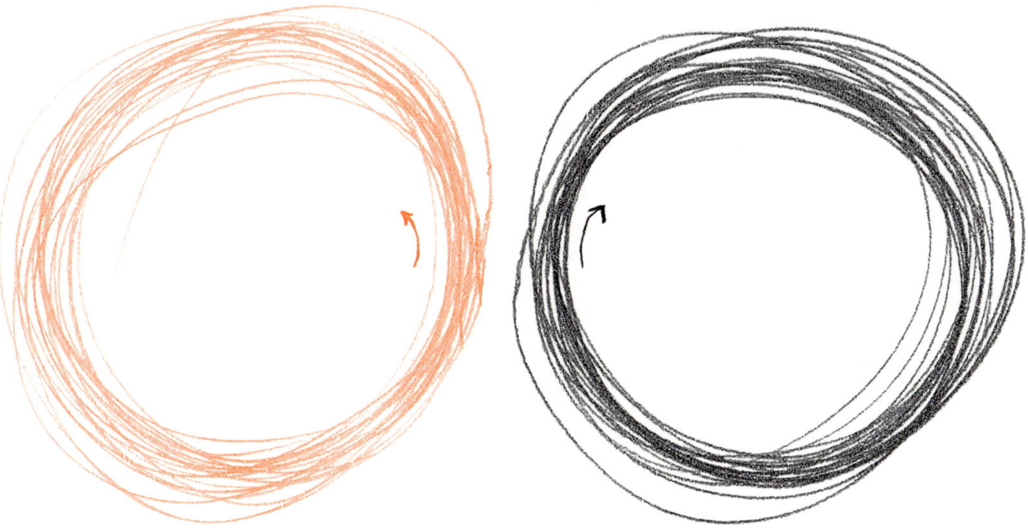

Quer über die ganze Tafel können die folgenden Übungen zur Auflockerung, Dynamisierung und Aktivierung geschrieben werden:

Bei all diesen Übungen sind Rhythmus und Bewegungsfluss wichtig, nicht die Perfektion der Form und die »schöne Schrift«. Im Vordergrund steht, das Kind in seiner Schrift und in seinem Ausdruck zu verstehen, nicht Leistung oder Disziplinierung. Die Sammlung und die Konzentration wächst im Tun selbst. Die Übungen zu Schrift und Form stärken auch leistungsschwächere Kinder, sie sind ein wohltuender Ausgleich zum kognitiven Lernen und zu einem auf Leistung ausgerichteten Unterricht.

7 Zum Ganzen bringen

Um das eigene Üben und das kreative Gestalten in eine Form zu bringen, sind Bindetechniken hilfreich, die aus losen Blättern und Texten ein Buch zu schaffen vermögen. Ihre eigenen Arbeiten sowie die Arbeiten von Kindern können so »zum Ganzen« gebracht werden. Sie können »Ihr« Buch als Erinnerung bewahren oder als Geschenk weitergeben. Sie können auf diese Art die Blätter und Texte eines Kindes in eine Form bringen, oder auch die Arbeiten mehrerer Kinder zusammenfügen.

Einfache Bindetechnik

Sowohl für Erwachsene als auch für Kinder ist es ein zutiefst befriedigendes Erlebnis, ein »Buch« voll und ganz selbst herzustellen. Zu diesem Erfolgserlebnis verhelfen ganz einfache Bindetechniken. Zwei Grundarten werden hier dargestellt, die sich in der Erwachsenenbildung gut bewährt haben und auch bei Projektarbeiten in der Schule gut durchführbar sind: die Heftbindung und die japanische Bindetechnik.

Heftbindung

Material: 3 Bögen Papier, 48 x 23 cm, ca. 100 g
1 Bogen Papier, 50 x 25 cm, ca. 160 g
Knopflochseide
Nähnadel spitz (z.B. Milward Gr. 3/9)
Schere
Ahle
Styroporstück ca. 6 cm stark
4 Wäscheklammern
Bleistift und Lineal 30 cm

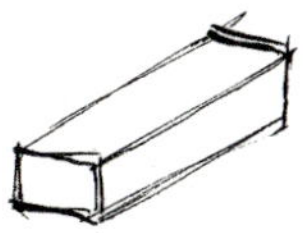

- Alle Bögen in der Mitte falten.

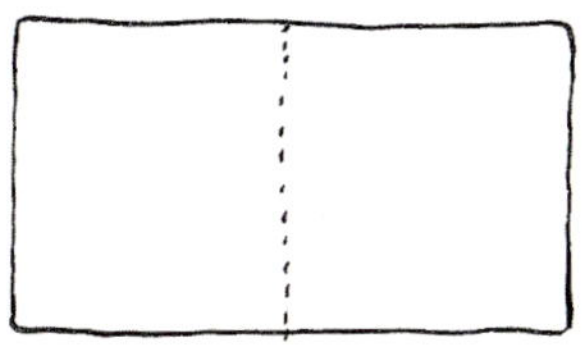

- Die gefalteten Bögen ineinander stecken, das stärkere Papier außen.

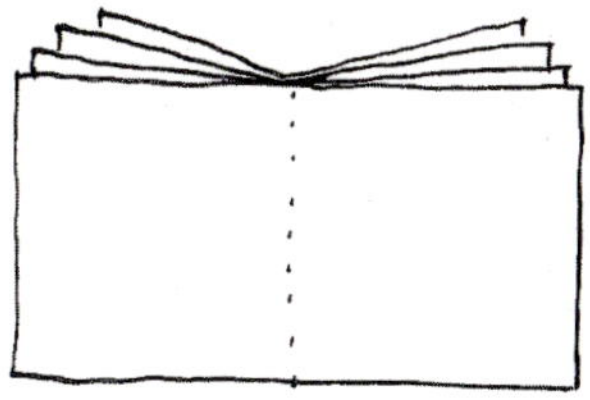

• In der Falte innen mit Bleistift die Punkte für das Vorlochen markieren: Von der Mitte ausgehend, 3 x 3 cm nach oben und unten mit einem Punkt genau in der Linie des Falzes markieren (also insgesamt sieben Punkte).

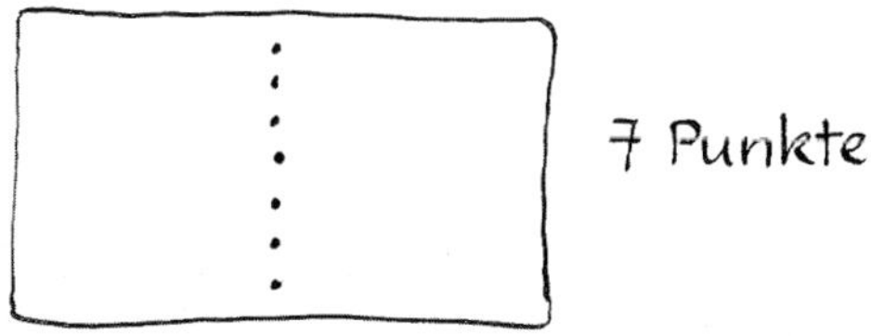

• Die Papiere sorgfältig zusammentragen – das Außenpapier wird überall über das Innenformat hinausragen.

• Mit Wäscheklammern fixieren.

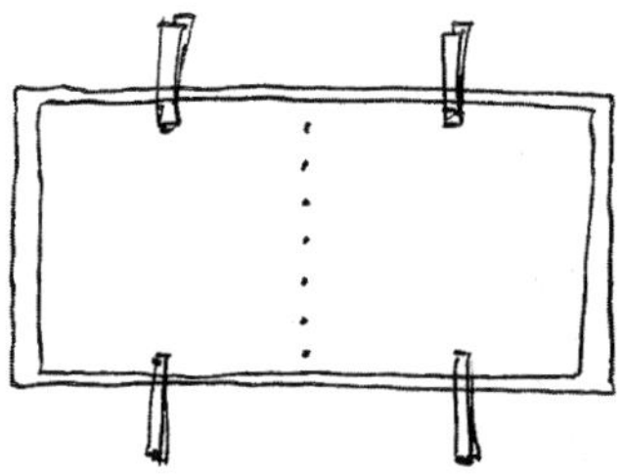

• Auf das Styroporstück legen und mit der Ahle die vorgezeichneten Markierungen durchlöchern.

• Faden – gut 2 x die Hefthöhe – und Nadel vorbereiten zum Nähen; den Faden einfach nehmen und ohne Knopf arbeiten.

• Von der Mitte aus beginnend nähen.

- Ein Stückchen Faden in der Mitte belassen und im Heftstich nach oben nähen und wieder zurück.
  Wichtig: Beim Zurücknähen nicht in, sondern über die Mitte nähen – so kommen Sie zu guter Letzt automatisch wieder in der Mitte heraus.

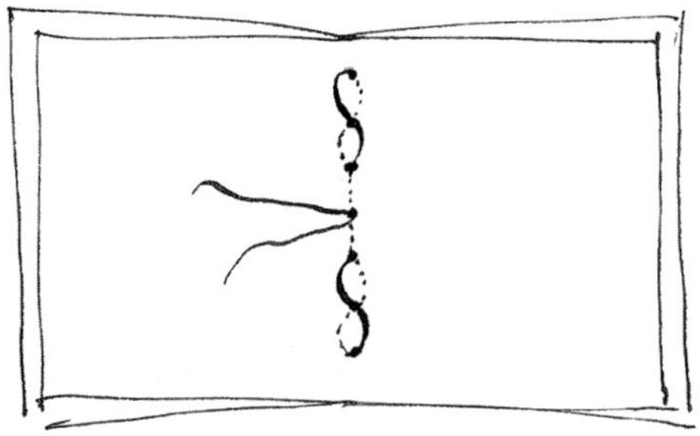

- Wenn Anfang und Ende des Fadens sich in der Mitte getroffen haben, legen Sie einen Faden links und den anderen rechts von dem über die Mitte gezogenen Faden und verknüpfen die beiden Enden miteinander.

- Den Faden nicht zu knapp (ca. 0,5–1 cm) abschneiden.

- Das Heft von den Klammern befreien und zuschlagen – es ist fertig zum Hineinschreiben oder zum Verschenken ...

Japanische Bindetechnik

Diese Art des Bindens ist vor allem geeignet für Arbeiten, die lose zusammengetragen werden, z.B. eine Klassenarbeit, bei der jedes Kind ein eigenes Blatt gestaltet hat, oder eine Geschichte, die ein Kind auf mehreren Blättern geschrieben und gestaltet hat.

Material: auf eine Klassenarbeit abgestimmt:
Von den Kindern bereits gestaltete (DIN-A4-)Blätter
2 Zeichenblätter in derselben Größe (DIN A4), davon eines als Titelblatt gestaltet
Knopflochseide
Nähnadel
Schere
Ahle
Styroporstück, ca. 30 cm lang und ca. 6 cm stark
2 Wäscheklammern
Bleistift und Lineal
Falzbein

- Auf dem Deckblatt werden die Punkte zum Nähen mit Bleistift markiert, wie oben bei der Heftbindung beschrieben (vgl. S. 78).

- Alle Blätter werden zusammengetragen:
  - Deckblatt
  - Innenblätter
  - Unterblatt (weißes Zeichenblatt)

- Mit zwei Wäscheklammern werden die noch losen Blätter zusammengehalten.

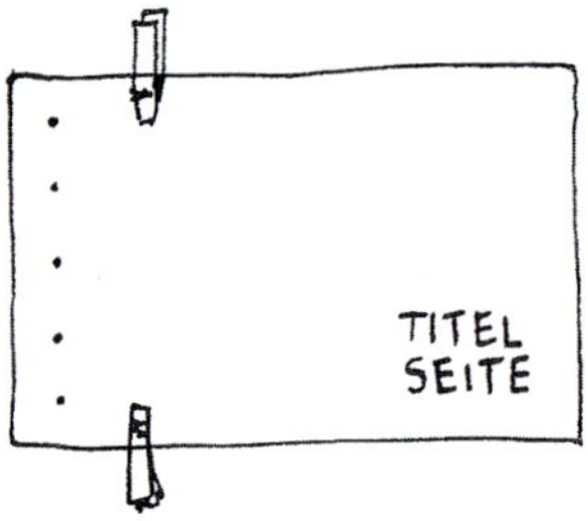

- Mit der Ahle werden die Löcher vorgelocht, idealerweise auf einem Styroporklotz. Ein Kind hält das Heft und ein anderes arbeitet mit der Ahle.

- Nun wird mit der bereits vorgefädelten Nadel (Fadenlänge gut 3 x Hefthöhe) genäht.

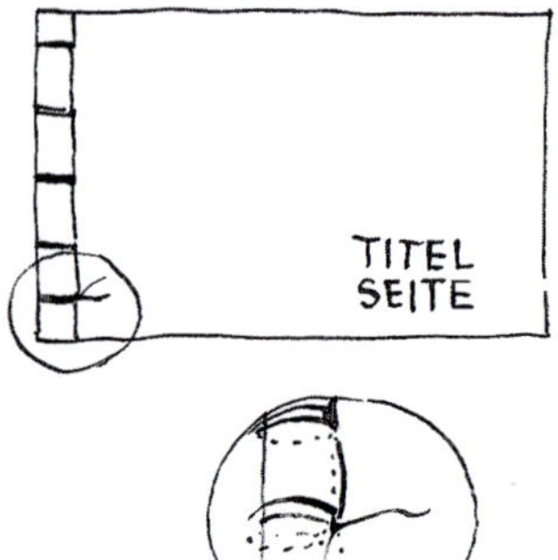

am untersten vorgelochten Punkt zu nähen beginnen, die Seitennaht kann beim Zurücknähen wiederholt werden – also doppelter Faden

• Zum Schluss werden die beiden Enden miteinander verknotet und der Faden abgeschnitten.

• Dann wird das Deckblatt mit dem Falzbein gerillt, damit es leicht zu öffnen ist:

Die Klammern entfernen – und das Werk ist fertig.

Ein persönliches Buch

Mithilfe solcher Bindetechniken ist es möglich, eine längere Erzählung als eigenes Buch zu gestalten. Geschichten können – in Szenen gegliedert – so von einer einzelnen Person in Buchform gebracht werden, oder in einer Erzählfolge arbeitsteilig von mehreren Kindern zusammen erarbeitet werden. Die einzelnen Erzählabschnitte werden aufgeteilt, jedes Kind malt eine Szene, zusammengefügt ergibt dies die gesamte Geschichte als gemeinsames Buch.

Auch religiöse Traditionen können so eigenständig bearbeitet werden, zum Beispiel der Erzählzyklus des Abraham oder die Überlieferungen zu Mose, das Leben Jesu oder die Erzählungen von Mohammed. Sie können auf diese Weise auch ein gemeinsames Gebet- und Meditationsbuch mit Kindern erarbeiten und gestalten.

Bestärkungen

Sätze und Gedanken, die in Ihnen positive Impulse und Gefühle auslösen, können mit einem Ritual eingesetzt werden. Dazu werden Kartensets mit Bestärkungen zum Kauf angeboten – oder Sie stellen sich selbst ein solches zusammen. Auch spirituelle und religiös bedeutsame Worte eignen sich für diese Übung. Bei der Arbeit in einer Gruppe liegen die Karten mit bestärkenden Botschaften verdeckt in der Mitte:

z.B.

ICH GENIESSE
ICH EXPERIMENTIERE
ICH GEBE UND NEHME
ICH BIN AUFMERKSAM
ICH SEHE

Nach einer Stilleübung nimmt sich jede Person eine Karte und bildet einen Satz mit dem vorgegebenen Wort. Dieser Satz wird dann für die darauf folgende kalligrafische Übung verwendet: Er kann mit verschiedenen Materialien und in verschiedenen Schriftarten geschrieben und gestaltet werden.
Wenn Sie allein arbeiten, können Sie diese Übung auf dieselbe Vorgehensweise auch für sich selbst praktizieren.

Mit diesen persönlich bedeutsamen Sätzen können Tagebücher und Geschenkbücher entstehen – für Sie selbst oder für Menschen, die Ihnen lieb sind. Ebenso können Sie auf diese Weise Ihr persönliches

Gebetbuch gestalten, in dem Sie Gebete sammeln und gestalten, die Ihnen hilfreich sind. Sie können bewusst Gebete aus Ihrer eigenen Religion auswählen, ebenso können Sie Texte wählen, die aus verschiedenen religiösen Traditionen stammen. Oder Sie formulieren Ihre eigenen, ganz persönlichen Gebete und sammeln Sie in »Ihrem Buch«.

Folgende Fragen helfen Ihnen den Text interessant zu gestalten:

1. Spricht mich der Text spontan an?
2. Welches Gefühl, welche Stimmung löst der Text in mir aus?
3. Welche Farbe ordne ich diesem Gefühl zu?
4. Welche Schriftform wähle ich (z.B. Handschrift, Blockschrift)? Welches Schreibwerkzeug verwende ich (z.B. mit Bleistift, Feder)?
5. Mit welcher Anordnung des Textes diene ich dem Inhalt (z.B. streng, weit, eng, locker, konzentriert)?
6. In welche Form bringe ich den Text (z.B. auf eine schlichte Karte, aufgeteilt auf mehrere Blätter, gebunden oder lose Blätter)?

Auf den folgenden Seiten finden Sie einige gestaltete Texte.

In zwei Hälften schneide
ich die Novembernacht
eine davon kleide
ich in meines Kissens Seide
klug auf den Mai bedacht.
Kommt der, den ich ersehne,
roll ich sie auf und dehne
die kurze Frühlingsnacht.

Hwang Chin-i

DER DU MEINE WEGE MIT MIR GEHST
JEDE LAUNE MEINER WIMPER SPÜRST
MEINE SCHLECHTIGKEIT DULDEST UND VERSTEHST
WEISST DU WOHL, WIE HEISS DU MICH OFT RÜHRST
WENN ICH TOT BIN DARFST DU GAR NICHT WEIN
ZITAT J. RINGELNATZ

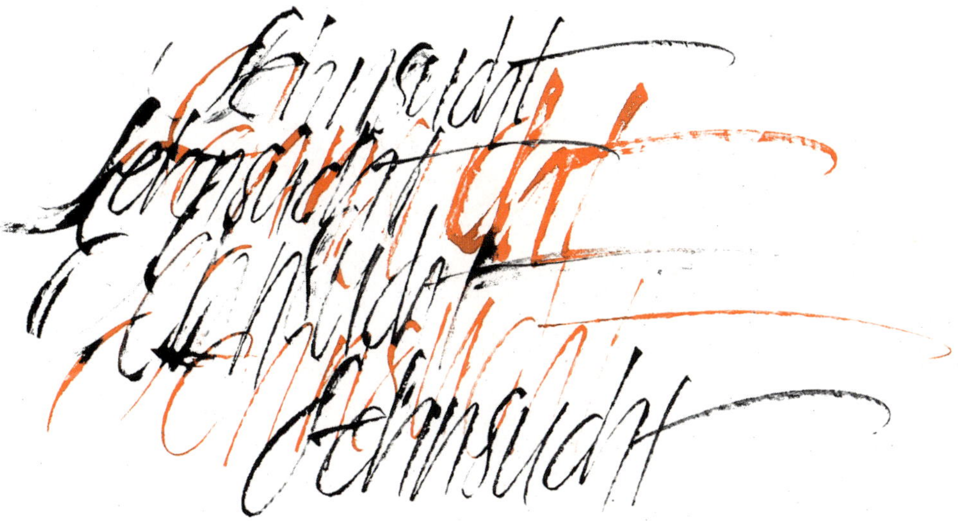

HORCH – DER GLOCKENTON RUFT NUN ALLEN MENSCHEN ZU/ DASS SIE SCHLAFEN GEHN – DOCH ICH SEHN MICH SO NACH DIR/ DASS DER SCHLAF DIE LIDER FLIEHT · KASANOI

8 Was ich nicht übersehen sollte

»Meditieren mit Schriften und Formen« will zum Verweilen einladen. Es hat keinen Sinn, schnell ein paar Übungen auszuprobieren, ohne mich einzulassen auf das Innehalten und Verweilen. Wenn ich nicht selbst bereit bin, mich bei den Übungen zu verweilen, kann ich auch andere Menschen nicht anleiten. Insbesondere die einfachen Strich-Übungen in Verbindung mit dem Atmen seien Ihnen ans Herz gelegt.

An das Einrichten des Platzes, an dem ich schreibe und gestalte, sei nochmals erinnert. Nicht nur bei Kindern, auch bei Jugendlichen und Erwachsenen hilft die Bereitung der äußeren Umgebung zur inneren Bereitschaft. So hat die Reduktion äußerer Ablenkungen auch das Ziel, die innere Konzentration zu fördern.

Die Übungen lenken unseren Blick sowohl auf das Tun des Selbstverständlichen als auch auf das Besondere. Manche Übungen führen zu überraschenden Ergebnissen und sprengen das uns Bekannte, andere Übungen wollen ausdrücklich dem Alltäglichen und Unspektakulären Raum geben. Beides ist notwendig, beides hat seine Berechtigung.

Manche Menschen haben anfangs Mühe, sich so »sinnlosen« Aufgaben zu widmen. »Wenn ich Gruß- oder Geburtstagskarten schreibe, dann mache ich wenigstens etwas Sinnvolles.« Die bewusste Abkehr von der

Erwartung, ein Produkt, ein Ergebnis zu schaffen, kann den Blick öffnen auf die Erfahrungen, die beim Innehalten und Verweilen möglich werden. Stille aber, allein mit dem Atem oder zusammen mit Schrift und Form, muss geübt werden, sie stellt sich nicht automatisch ein und erfordert die Konzentration auf das Tun.

Verweilen hat mit Gelassenheit und mit Geduld zu tun, mit der Bereitschaft, nichts erzwingen zu wollen. Dies ist eine »Zu-Mutung«, es braucht Mut, und es braucht auch immer wieder die Erfahrung einer Gruppe, die Erfahrung des verweilenden Gestaltens mit anderen zusammen.

Das Meditieren mit Schriften und Formen, das verweilende Gestalten beschreibt einen Freiraum in Grenzen, es beschreibt unsere Individualität im Kontext eines Rahmens. Papier und Stift, die Arbeitsmaterialien und unser technisches Können stecken uns Grenzen, in denen wir uns selbst ausdrücken. Diese Grenzen sind erweiterbar, aber kaum ganz zu sprengen. Auch darin wird uns das verweilende Gestalten zur Erfahrung unserer selbst und zur Vergegenwärtigung unseres Lebens.

9 Literatur und Bezugsquellen

LITERATUR

Dörig, Bruno, Schenk dir ein Mandala! Bilder der Mitte zum Anschauen und Ausmalen, Eschbach 1988

Faulmann, Carl, Schriftzeichen und Alphabete aller Zeiten und Völker, Augsburg [2]1995

Frutiger, Adrian, Der Mensch und seine Zeichen. Schriften, Symbole, Signete, Signale, Wiesbaden [5]1996

Halprin, Anna, Bewegungsritual, Basel 1987

Heermann, Magdalene, Schreibbewegungstherapie und Schreibbewegungstest bei verhaltensgestörten, neurotischen Kindern und Jugendlichen, München [3]1985

Herrigel, Eugen, Der Zen-Weg. Aufzeichnungen aus dem Nachlass, München [9]1987

Gehrlein, Pia, Höre Israel! Leben und Glauben des Judentums. Freiarbeitsmaterialien für den Religionsunterricht in der Klasse 5. und 6, Trier 1997

Kushner, Lawrence, Sefer Otijot. Das Buch der Buchstaben. Ein mystisches Alefbet, Eichenau 1996

LaPlautz, Shereen, Buchbinden, Bern 1996

Maschwitz, Gerda und Rüdiger, Stille-Übungen mit Kindern. Ein Praxisbuch, München 1993

Mello, Anthony de, Meditieren mit Leib und Seele. Neue Wege der Gotteserfahrung, Kevelaer [8]1996

Sassoon, Rosemary/Lovett, Patricia, Kreatives und spielerisches Gestalten mit Buchstaben, Bern 1993

Schmuki, Karl/Ochsenbein, Peter/Dora, Cornel, Cimelia Sangallensia. Hundert Kostbarkeiten aus der Stiftsbibliothek St. Gallen, St. Gallen 1998

Sicre, Jean-Pierre, Hassan Massoudy – Le chemin d'un calligraphe, Paris 1991

Snela, Bogdan (Hrsg.), Der Ochs und sein Hirte. Zen-Augenblicke, München [2]1994

Sperna-Weiland, Jan (Hrsg.), Religionen der Welt. Hinduismus, Buddhismus, Judentum, Christentum, Islam, Zürich/Lahr 1977

Vopel, Klaus, Kinder ohne Stress (Reihe in fünf Bänden), Hamburg [2]1991

BEZUGSQUELLEN

Die angeführten Materialien können im gut sortierten Fachhandel oder direkt bezogen werden bei:

HAPPY PEN
Versand von Kalligrafiematerial
Am Knobel 9
D-88138 Sigmarszell
Tel.: 0049-(0)8382-947510
Fax: 0049-(0)177-994553437

Für weitere Informationen und Anfragen zu Vorträgen und Workshops können Sie sich wenden an:

Herta Spiegel
Mittelforach 8
A-6850 Dornbirn
Tel.: 0043-(0)5572-386338
Fax: 0043-(0)5572-3863384

Prof. Dr. Helga Kohler-Spiegel
Kapfstr. 99 a
A-6800 Feldkirch
Fax: 0043-(0)5522-77321
E-Mail: h.kohler-spiegel@magnet.at

QUELLENVERZEICHNIS

S. 12: Anthony de Mello, Meditieren mit Leib und Seele. Neue Wege der Gotteserfahrung. Verlag Butzon & Bercker, Kevelaer [8]1996

S. 24: Michael Ende, MOMO. © 1973 by K. Thienemanns Verlag, Stuttgart-Wien, S. 36

S. 42, 43, 44, 48 f., 50: Abbildungen aus: Adrian Frutiger, Der Mensch und seine Zeichen. Schriften, Symbole, Signete, Signale. Fourier, Wiesbaden [5]1996, Seite 145, 114, 116, 148 f., 147

S. 53, 58: Abb. aus: Karl Schmucki/Peter Ochsenbein/Dora Cornel, Cimelia Sangallensia. 100 Kostbarkeiten aus der Stiftsbibliothek St. Gallen. Verlag am Klosterhof, St. Gallen 1998, Seite 209, 55

S. 54 f.: Zitate aus: Lawrence Kushner, Sefer Otijot. Das Buch der Buchstaben. Ein mystisches Alefbet. Verlag Roman Kovar, Eichenau 1996

S. 56: Aus: Pia Gehrlein, Höre Israel! Leben und Glauben des Judentums. Freiarbeitsmaterialien für den Religionsunterricht in der Klasse 5 und 6, hrsg. vom Katechetischen Institut des Bistums Trier, Trier 1997

S. 57: Abb. aus: Friedrich Weinreb, Buchstaben des Lebens. Das hebräische Alphabet. Erzählt nach jüdischer Überlieferung. Thauros Verlag, Weiler im Allgäu [2]1990, Seite 7. © Dan Rubinstein, Zürich

S. 60: Abb. aus: Bruno Dörig, Schenk dir ein Mandala. Bilder zum Anschauen und Ausmalen. Verlag am Eschbach 1988, Seite 7

S. 66: Abb. aus: Jan Sperna-Weiland, Religionen der Welt. Verlag Ernst Kaufmann, Zürich/Lahr 1977, Seite 133

S. 67: Abb. aus: Jean-Pierre Sicre, Hassan Massoudy – Le chemin d'un calligraphe. Paris 1991, Seite 74

S. 72–74: Nach: Magdalene Heermann, Schreibbewegungstherapie und Schreibbewegungstest bei verhaltensgestörten, neurotischen Kindern und Jugendlichen. Ernst Reinhardt, München [3]1985, Seite 114–116

S. 84: Kinderzeichnung, Volksschule Göfis. Wir danken der Religionslehrerin Doris Gilgenreiner für ihre Unterstützung.